Glutenfrei kochen und backen

Carine Buhmann

Glutenfrei kochen und backen

Ein praktischer Ratgeber
mit 150 Rezepten bei Zöliakie

at VERLAG

INHALT

WICHTIGER HINWEIS

Der Inhalt dieses Buches ist sorgfältig recherchiert und erarbeitet worden. Die vorliegenden Ausführungen beruhen auf dem aktuellen Wissensstand und wurden nach bestem Wissen geprüft. Dennoch übernehmen Autorin und Verlag keinerlei Haftung für Schäden irgendwelcher Art, die sich direkt oder indirekt aus der Anwendung der Rezepte oder Informationen ergeben. Alle Benutzer sind aufgefordert, die Zutatenliste der verwendeten Produkte zu prüfen, um in Eigenverantwortung über allfällige Abweichungen zu den Angaben selber urteilen zu können. Gesetzgebung, Herstellung, Deklaration und Produkte ändern sich. Auch aus Medizin, Forschung und klinischen Erfahrungen ergeben sich immer wieder neue Erkenntnisse. Dieses Buch ersetzt keine medizinische Behandlung oder Beratung durch eine anerkannte Ernährungsfachperson. Beachten Sie in jedem Fall die Grenzen der Selbstbehandlung, und nehmen Sie bei Krankheitssymptomen professionelle Diagnose und Therapie in Anspruch.

BEGLEITWORT

Die lebensbegleitende glutenfreie Ernährung führt bei fast allen Zöliakiebetroffenen zu einer Heilung der Dünndarmschleimhaut mit raschem Rückgang der Krankheitssymptome. Zudem lassen sich mögliche Komplikationen, wie z. B. die frühzeitige Entwicklung eines Knochenschwundes (Osteoporose), verhindern. Anderweitige Therapieformen mit Medikamenten oder Impfungen befinden sich erst im Forschungsstadium und sind bis heute nicht verfügbar.

Die Beschwerden bei Zöliakie sind oftmals nicht eindeutig. So haben etwa 70 Prozent der erwachsenen Betroffenen wenig bis gar keine Symptome, weshalb die Dunkelziffer der nicht diagnostizierten Personen mit einer Glutenunverträglichkeit nach wie vor sehr hoch ist. Bei Kindern dagegen zeigt sich das Krankheitsbild meist sehr typisch. Besteht der Verdacht auf eine Zöliakie, lässt sich die Diagnose heutzutage mittels Bestimmung spezifischer Antikörper im Blut sowie einer Dünndarmbiopsie schnell erhärten.

Die Durchführung und strikte Einhaltung einer glutenfreien Ernährung verlangt gewisse Anpassungen und Veränderungen der bisherigen Essgewohnheiten. Das Angebot an glutenfreien Produkten ist heute deutlich größer als früher. Das glutenfreie Kochen und vor allem das Backen sind aber immer noch anspruchsvoll und verlangen Übung und Fantasie, um das Essen schmackhaft und auch optisch attraktiv zu präsentieren.

Genau dies verkörpert das Kochbuch von Carine Buhmann. Sie hat es verstanden, durch einfallsreiche und gut verständliche Rezepte die Freude am glutenfreien Kochen zu wecken. Die wunderschönen Bilder ihrer Menüvorschläge machen Appetit und motivieren zum Ausprobieren. Ich finde, dass dieses Kochbuch in die Küchenbibliothek eines jeden Glutenintoleranten gehört. Diejenigen, die immer schon gerne gekocht und gebacken haben, werden dies noch lieber tun, und diejenigen, die wenig Koch- und Backerfahrung haben, werden mit diesem Kochbuch Freude daran bekommen. Das Buch wird ihren Essensalltag positiv verändern.

Da zukünftig immer mehr Personen auf Gluten verzichten müssen, wird dieses Kochbuch von Carine Buhmann auch in allen anderen, nicht glutenfreien Küchen eine wertvolle Hilfe sein.

Dr. med. Carl Oneta,
Facharzt für Innere Medizin und Gastroenterologie in Winterthur (Schweiz)

VORWORT

Die Diagnose Zöliakie stellt Betroffene zu Beginn ihrer Ernährungsumstellung vor große Herausforderungen. Auch das enge familiäre Umfeld kann sich diesen Veränderungen im Essalltag nicht entziehen. Denn Personen mit einer diagnostizierten Zöliakie müssen ein Leben lang strikt und konsequent auf Gluten verzichten.

Trotz gewisser Einschränkungen ist es heute viel einfacher geworden, sich glutenfrei zu ernähren. Fachhandel, Supermärkte und Online-Shops bieten inzwischen eine große Vielfalt an glutenfreien Produkten an. Auch die Gastronomie und Hotelbranche bemühen sich verstärkt, ihr Speisenangebot glutenfrei zu gestalten. Betroffene müssen sich für ihre besonderen Essbedürfnisse seltener rechtfertigen oder erklären.

Seit rund 20 Jahren begleitet mich das Thema glutenfreie Ernährung in meiner täglichen Arbeit, ob als Rezeptautorin oder als Referentin für Vorträge, Schulungsseminare und Praxiskurse. Fachleute aus dem Gesundheits- und Ernährungsbereich zu unterrichten macht mir genauso viel Freude wie Kochen und Backen mit zöliakiebetroffenen Menschen. Vor allem die Begeisterung und Motivation von Kindern ist in glutenfreien Backkursen jedes Mal erfrischend und ansteckend. Mit ihrer Leichtigkeit und Freude zeigen sie, wie man trotz oder gerade mit Zöliakie unbeschwert umgehen kann.

Das vorliegende Kochbuch hat sich seit seinem Erscheinen zu einem unentbehrlichen Standardwerk und wichtigen Ratgeber für Menschen mit Zöliakie etabliert. Auch für Personen mit einer Weizenallergie oder einer Weizensensitivität sind die Rezepte sehr hilfreich. Der »Glutenfrei-Markt« entwickelt sich laufend. Es gibt neue wissenschaftliche Erkenntnisse und auch Produktneuheiten. Deshalb überarbeite ich jede neue Auflage, aktualisiere einzelne Kapitel oder ergänze mit neuen Informationen und Rezepten. Das Buch liegt nun in der 8. Auflage vor.

Der IG Zöliakie der Deutschen Schweiz danke ich für die Unterstützung. Mein spezieller Dank gilt Dr. clin. nutr. Caroline Kiss. Sie war von Anfang an dabei und unterstützte mich bei jeder Neuauflage mit ihrem fundierten Fachwissen und ihren nützlichen Inputs.

Müssen Sie oder ein Angehöriger Ihrer Familie aufgrund der Diagnose Zöliakie glutenfrei essen? Sind Sie von einer Weizenunverträglichkeit betroffen? Beschäftigen Sie sich beruflich mit glutenfreier Ernährung in der Beratung oder im Verkauf von Produkten? Möchten Sie in der Gemeinschaftsverpflegung Speisen ohne Gluten und Weizen anbieten? Dann werden Sie in diesem Buch nützliche Informationen, praktische Tipps und unkomplizierte, köstliche Rezepte finden, die Ihnen den Einstieg in die gluten- und weizenfreie Küche erleichtern.

Ich wünsche Ihnen eine angeregte Lektüre und vor allem viel Freude beim Ausprobieren und Genießen der glutenfreien Rezepte!

Carine Buhmann

EINLEITUNG

Meist geht der Diagnose Zöliakie eine längere Zeit mit gesundheitlichen Problemen und damit verbundenen Unsicherheiten voraus. Die Diagnose ist für viele Betroffene im ersten Moment eine große Erleichterung. Endlich kennen sie den Grund, weshalb sie Bauchschmerzen haben oder sich müde und erschöpft fühlen. Sie wissen jetzt, was sie ändern müssen, um eine gesundheitliche Besserung zu erzielen.

Einerseits kennen Betroffene die Diagnose, andererseits bringt die Auseinandersetzung mit der glutenfreien Ernährung wieder neue Unsicherheiten mit sich. Es gibt im Alltag zahlreiche Fragen, viel Neues zu lernen, Zusammenhänge zu verstehen und Essgewohnheiten zu verändern. Die ganze Familie und das private Umfeld sind von dieser Ernährungsumstellung betroffen, das Auswärtsessen mit Freunden oder im Berufsalltag ist erschwert. Diese Umstellungen benötigen zu Beginn sehr viel Zeit und Geduld, aber auch spezifische Fachkenntnisse. Nach und nach entwickelt sich eine neue Routine, und damit beginnt ein wichtiger Prozess: das Akzeptieren der Krankheit und der selbstverständliche Umgang mit der glutenfreien Ernährung.

Mit ihrer Krankheit oder besser gesagt mit ihrer genetisch bedingten Eigenart sind die Betroffenen nicht allein. In Europa ist etwa eine von hundert Personen von Zöliakie betroffen, wobei viele davon nicht diagnostiziert sind.

Wer gut über Zöliakie informiert und mit den Tücken und Tricks der glutenfreien Ernährung vertraut ist, hat es leichter, die veränderte Ernährung konsequent einzuhalten. Glutenfrei leben bedeutet zwar zu Beginn der Ernährungsumstellung einen größeren Zeitaufwand, aber mit etwas Übung und praktischer Erfahrung hat man den Essalltag bald im Griff.

Glutenfreie Spezialprodukte sind in der Regel teurer als Normalprodukte, da neben der aufwendigen Produktentwicklung auch die Herstellungs- und Verarbeitungskosten höher ausfallen. Um ihre Produkte mit dem Glutenfrei-Symbol zertifizieren zu können, müssen die Hersteller strenge Anforderungen erfüllen. Zöliakie-Patientenorganisationen beraten Betroffene und informieren über allfällige steuerliche Abzüge oder finanzielle Unterstützung an die Mehrkosten.

Mit Zöliakie leben kann eine Chance sein, die Ernährung nicht nur glutenfrei, sondern auch gesund und bewusster zu gestalten. Dabei sind die Empfehlungen nach der Schweizer Lebensmittelpyramide hilfreich (siehe Abbildung rechts).

Schenken Sie Ihrem Körper die nötige Aufmerksamkeit und freuen Sie sich über die positiven Veränderungen. Mit einer konsequenten glutenfreien Ernährung werden Sie die Genesung spüren und wieder mehr Lebensqualität gewinnen.

Dieses Buch soll den Umgang mit Zöliakie erleichtern – ob im Alltag, im Beruf, als Single oder mit der Familie. Es kann und soll nicht das persönliche Gespräch mit einer Fachperson ersetzen. Hausarzt, Gastroenterologe (Magen-Darm-Spezialist) und anerkannte Ernährungsfachperson sind wichtige Bezugspersonen, die auf Ihre persönliche Situation eingehen, individuelle Probleme und Fragen klären können.

Eine Mitgliedschaft bei einer Zöliakiegesellschaft bietet ebenfalls sehr viele Vorteile. Diese Non-Profit-Patientenorganisationen setzen sich für die Bedürfnisse von Menschen mit Zöliakie ein, informieren, beraten und organisieren Veranstaltungen.

Das vorliegende Buch empfiehlt sich sowohl für Direktbetroffene und deren Familienangehörige als auch für Fachpersonen aus Gastronomie, Gemeinschaftsverpflegung und Ernährungsberatung. Je mehr Personen über glutenfreie Ernährung informiert sind, umso einfacher gestaltet sich der Alltag für die Betroffenen.

- Getränke: Täglich 1 bis 2 Liter ungesüßte Getränke. Wasser bevorzugen.
- Gemüse, Salat und Früchte: Täglich 5 Portionen in verschiedenen Farben.
- Getreide, Kartoffeln und Hülsenfrüchte: Täglich 3 Portionen. Bei glutenfreien Getreiden/Körnern vorzugsweise Vollkorn-produkte.
- Milchprodukte, Fleisch, Fisch, Eier und Tofu: Täglich 3 Portionen Milchprodukte und 1 Portion Fleisch, Fisch, Eier oder Tofu.
- Öle, Fette und Nüsse: Öl und Nüsse täglich in kleinen Mengen. Butter/Margarine sparsam.
- Süßes, Salziges und Alkohol: In kleinen Mengen

sowie

- Täglich mindestens 30 Minuten Bewegung und ausreichend Entspannung.

WAS IST ZÖLIAKIE?

Zöliakie bezeichnet die genetisch bedingte Unverträglichkeit gegen das Getreideprotein Gluten. Es ist in Weizen, Dinkel, Roggen, Gerste und sämtlichen verwandten Getreidesorten sowie Hafer (siehe dazu Seite 19) enthalten. Essen Zöliakiebetroffene glutenhaltige Lebensmittel, wird eine Reaktion ausgelöst, die unter anderem die Dünndarmzellen zerstört.

Zöliakie ist viel häufiger verbreitet als vermutet, aber die Erkrankung bleibt oft unentdeckt.

Früher wurde die Häufigkeit der Zöliakie in westlichen Ländern deutlich unterschätzt. Man vermutete, dass höchstens eine von ein- bis zweitausend Personen davon betroffen sei. Durch verbesserte Diagnostikmethoden und Screenings zeigte sich, dass Zöliakie weitaus häufiger vorkommt als angenommen. Weltweit fällt die Verbreitung von Zöliakie sehr unterschiedlich aus. In Ländern, in denen Weizen zu den Grundnahrungsmitteln zählt, ist schätzungsweise eine von hundert Personen betroffen. Doch die Dunkelziffer unentdeckter Zöliakiefälle ist beträchtlich. Auf einen diagnostizierten Zöliakiebetroffenenen kommen sechs weitere Personen, die nicht wissen, dass sie Zöliakie haben. Das Beschwerdebild zeigt sich vielfältig, und die Symptome können schwach oder unspezifisch sein. Oft dauert es mehrere Jahre, bis – manchmal auch durch Zufall – eine Diagnose gestellt wird. Heute erfolgen die meisten Diagnosen im Erwachsenenalter. Mädchen und Frauen sind häufiger betroffen als Jungs und Männer. Zöliakie kann sich jedoch in jedem Lebensalter manifestieren, vom Säugling bis ins hohe Alter.

Ursachen

Wie es zur schädlichen Wirkung des Glutens auf die Dünndarmschleimhaut kommt, ist nur teilweise geklärt. Man weiß heute, dass es bestimmte erbliche Faktoren braucht, um überempfindlich auf glutenhaltige Lebensmittel zu reagieren. Ist diese genetische Veranlagung vorhanden, setzt das Immunsystem nach dem Verzehr von glutenhaltigen Nahrungsmitteln Stoffe frei, die zu einer entzündlichen Reaktion im Dünndarm führen. Man spricht daher auch von einer Autoimmunreaktion, weil das Immunsystem sich gegen körpereigene Dünndarmzellen richtet. Durch die Entzündung kommt es zu einer Schädigung der Dünndarmzotten.

Auch Darmbakterien (Mikrobiota), Infektionen des Magen-Darm-Traktes, Stress, Schwangerschaft und Umwelteinflüsse scheinen eine Rolle zu spielen und können möglicherweise als Auslöser wirken.

- Zöliakie ist eine Unverträglichkeit von Gluten.
- Schätzungsweise eine von hundert Personen ist von Zöliakie betroffen.
- Die Erkrankung kann in jedem Lebensalter auftreten.
- Viele Betroffene sind nicht diagnostiziert.
- Ist eine Autoimmunkrankheit und keine Allergie.
- Die Krankheit wird nicht durch falsche Lebens- oder Ernährungsgewohnheiten wie etwa hohen Brot- oder Teigwarenkonsum ausgelöst.

Folgen

Der Dünndarm weist winzige fingerförmige Ausstülpungen auf, die man als Dünndarmzotten bezeichnet. Über diese Zotten nimmt der Körper die für ihn notwendigen Nährstoffe auf. Durch die Schädigung flachen die Dünndarmzotten ab und können ihre Funktion nicht mehr erfüllen. Der Körper kann die Nahrung nicht mehr vollständig aufnehmen und verdauen.

Werden die Energie liefernden Nährstoffe Kohlenhydrate, Fette und Proteine (Eiweiß) nur teilweise aufgenommen, führt dies zu Gewichts- und Kräfteverlust sowie zu den typischen Beschwerden wie Blähungen und Durchfall.

Die Aufnahme von Mikronährstoffen wie Vitaminen, Mineralstoffen und Spurenelementen kann ebenfalls vermindert sein. Folgen davon sind beispielsweise Blutarmut (Anämie), Müdigkeit, brüchige Fingernägel, Haarausfall, Muskelkrämpfe, Nachtblindheit, Knochenschmerzen.

Krankheitszeichen und Symptome

Bei Säuglingen und Kleinkindern (unter 2 Jahren) kommen häufig die »typischen« Beschwerden vor. Bei Kindern, Schulkindern, Jugendlichen und Erwachsenen können die »typischen« Symptome fehlen oder in weniger ausgeprägter Form auftreten. Es zeigen sich oft Krankheitszeichen, die nicht den Verdauungstrakt betreffen, so genannte atypische Beschwerden.

Es kommt vor, dass Betroffene über keine Beschwerden klagen, obwohl Antikörper und Gewebsprobe eindeutig auf eine Zöliakie hinweisen. Fragt man aber genauer nach, gibt es meist doch Symptome, die jedoch für die Betroffenen nicht schwerwiegend sind oder mit denen sie zu leben gelernt haben, zum Beispiel Blähungen, Krämpfe, Müdigkeit, Verstimmung oder Hautprobleme. Die glutenfreie Ernährung ist auch bei einer atypischen oder »stummen« Zöliakie einzuhalten, da sonst Langzeitfolgen nicht auszuschließen sind.

Dermatitis herpetiformis Duhring – »Glutenempfindliche« Haut

Bei der Dermatitis herpetiformis Duhring handelt es sich um eine Hautentzündung mit herpesähnlichen Hautveränderungen. Die Hauterkrankung zeigt sich typischerweise beim Erwachsenen mit Rötungen, Quaddeln, Bläschen und Ekzemen verbunden mit starkem Juckreiz. Dies tritt insbesondere an Ellenbogen, Knien, aber auch Rücken, Kopfhaut und Gesäß in Erscheinung.

Nur ein geringer Teil der Betroffenen hat Probleme im Verdauungstrakt. Trotzdem findet man meist die entsprechenden Antikörper

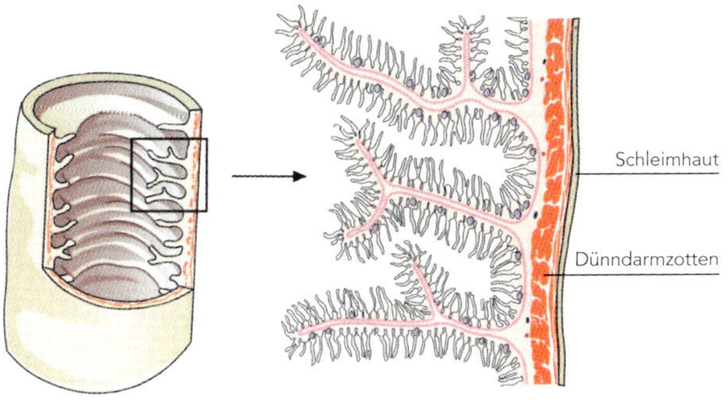

Dünndarm mit gesunder Dünndarmschleimhaut.

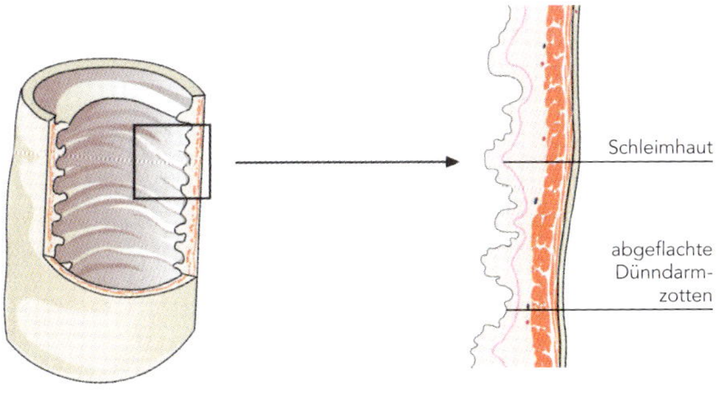

Dünndarm mit Dünndarmschleimhaut bei Zöliakie.

und die gleiche typisch veränderte Dünndarmschleimhaut wie bei Zöliakie. Bei einer glutenfreien Ernährung erholt sich nicht nur die Haut, sondern auch die Dünndarmschleimhaut.

Diagnose

Besteht ein Verdacht, sucht man im Blut nach so genannten Gewebs-Transglutaminase-Antikörpern. Sind diese Antikörper eindeutig nachweisbar, lässt sich mit großer Wahrscheinlichkeit eine Zöliakie vermuten. In äußerst seltenen Fällen sind keine Antikörper nachweisbar. Die Diagnose der Zöliakie wird definitiv mittels einer Gewebeprobe der Dünndarmschleimhaut (Biopsie) gestellt. Dazu ist eine Magen-Dünndarm-Spiegelung (Endoskopie) notwendig. Eine Schädigung mit den typischen Veränderungen der Schleimhaut lässt sich nur durch diese Methode eindeutig feststellen.

Behandlung

Die einzig wirksame Therapie ist die glutenfreie Ernährung. Das heißt konkret: Neben den glutenhaltigen Getreidesorten Weizen, Dinkel/Urdinkel, Grünkern, Roggen, Gerste, Hafer, Emmer, Einkorn, Kamut und Triticale sind auch alle daraus hergestellten Lebensmittel wie Mehl, Grieß, Brot, Kuchen, Gebäck, Paniermehl, Teigwaren, Saucen, Gerstenmalz, Bier usw. strikt zu meiden. Auf »verstecktes« Gluten in

Säuglinge und Kleinkinder (unter 2 Jahren)

Die »typischen« Symptome sind:
- Durchfall, aufgeblähter Bauch
- Appetitlosigkeit
- Erbrechen
- Reizbarkeit, Antriebslosigkeit, Verlust der Kontaktfreudigkeit
- Gewichtsverlust, Gedeihstörung
- schlaffe Muskulatur, reduzierte Aktivität

Kinder, Jugendliche und Erwachsene

Die »typischen« Symptome können fehlen oder in weniger ausgeprägter Form auftreten:
- Bauchweh, Blähungen, gelegentliches Erbrechen
- gelegentlich Durchfall, breiiger Stuhlgang, übelriechender Stuhlgang
- Verstopfung
- Unverträglichkeit von Milchzucker (Laktoseintoleranz)

Es zeigen sich oft Krankheitszeichen, die nicht den Verdauungstrakt betreffen. Die »typischen« Symptome wie Durchfall und Gewichtsverlust können fehlen. Zöliakie kann auch bei Personen mit Verstopfung oder bei übergewichtigen Personen auftreten.
- Blutarmut (Eisenmangel-Anämie), blasse Haut
- ständige Müdigkeit
- labile Stimmung, Konzentrationsmangel, Leistungsknick
- Antriebslosigkeit, Lustlosigkeit, depressive Verstimmung, psychische Veränderungen
- Wachstumsstillstand, Pubertät setzt nicht ein
- Aussetzen der Monatsblutung
- Unfruchtbarkeit/Fehlgeburten, Neugeborene mit niedrigem Geburtsgewicht
- Zahnschmelzdefekte
- Osteoporose (Knochenbrüchigkeit), Gelenkschmerzen
- Leberprobleme
- Neurologische Probleme, Migräne
- Hautekzem (Dermatitis herpetiformis Duhring)

verarbeiteten Lebensmitteln und Fertigprodukten ist ebenfalls zu achten.

Alle anderen Nahrungsmittel wie Mais, Reis, Hirse, Buchweizen, Kartoffeln, Gemüse, Obst, Hülsenfrüchte, Milch, Eier, Fleisch, Fisch usw. sind erlaubt, sofern sie nicht durch Verarbeitung oder Zubereitung mit glutenhaltigen Bestandteilen »verunreinigt« werden (z. B. Brotcroûtons auf Salat, Eis in Waffeltüte, paniertes Schnitzel, Pommes frites, die in verunreinigtem Öl frittiert wurden). In der Warenkunde und Nahrungsmitteltabelle ab Seite 188 finden Sie weitere Produkteinformationen.

Heute gibt es eine große Auswahl an glutenfreien Ersatzprodukten wie Mehlmischungen, Brot, Gebäck, Teigwaren, die in Apotheken, Drogerien, Reformhäusern, Supermärkten und im Online-Handel erhältlich sind.

Die glutenfreie Ernährung müssen Betroffene lebensbegleitend einhalten. Es gibt derzeit weder Medikamente noch andere Methoden – auch keine Behandlung aus der Alternativmedizin –, um Zöliakie zu heilen. Erste medikamentöse Behandlungen sind noch in der Forschungsphase. Zöliakie ist keine Allergie; man kann sich dagegen nicht desensibilisieren lassen, und die Zöliakie wächst sich auch nicht aus.

Als Neubetroffener oder Nichtbetroffener mag es zunächst unverständlich und übertrieben erscheinen, dass jedes kleinste »Brotkrümelchen« zu vermeiden ist. Tatsächlich sind aber schon kleinste Mengen für Betroffene schädlich. Bereits ein Gramm normales Brot kann zu Reaktionen im Immunsystem führen!

Eine konsequente und lebenslange glutenfreie Ernährung ist zum heutigen Zeitpunkt die einzige Behandlungsmöglichkeit bei Zöliakie.

Wird kein Gluten mit der Nahrung aufgenommen, kann sich die Darmschleimhaut erholen und ihre normalen Funktionen wieder aufnehmen. Die Dünndarmschleimhaut regeneriert sich innerhalb von wenigen Wochen und ist nach einigen Monaten von einer normalen, gesunden Schleimhaut nicht mehr zu unterscheiden. Während bei Kindern eine sehr rasche Besserung festzustellen ist, kann dies bei Erwachsenen bis zu einem Jahr dauern.

Glutenhaltig und für Zöliakiebetroffene nicht erlaubt sind:

- Weizen, Dinkel, Urdinkel, Grünkern
- Kamut, Emmer, Tritikale, Einkorn
- Roggen, Gerste
- Hafer (siehe dazu Seite 19)
- sowie alle daraus hergestellten Nahrungsmittel und Speisen

Von Natur aus glutenfrei sind:

- Mais, Reis, Hirse, Buchweizen, Amaranth, Quinoa
- Kartoffeln, Süßkartoffeln, Kochbananen
- Hülsenfrüchte (Bohnen, Erbsen, Linsen, Kichererbsen, Soja, Tofu usw.)
- Gemüse, Obst
- Milch und Milchprodukte
- Eier, Fleisch, Fisch
- Nüsse, Kerne, Öle und Fette
- Süßmittel wie Honig, (Vollrohr-)Zucker, Ahornsirup
- Kastanien
- Maniok, Sago, Tapioka, Xanthan

Glutenfreie Spezialprodukte

Das Angebot an glutenfreien Spezialprodukten ist heute sehr groß und vielfältig und wird laufend erweitert. Informieren Sie sich regelmäßig und entdecken Sie Produktneuheiten – vieles ist sogar in Bio-Qualität verfügbar. Ob glutenfreie Mehlmischungen, Brot, Gebäck, Müeslimischungen, Riegel, Teigwaren, Suppen, Snacks, Bier, Fertiggerichte und Tiefkühlprodukte. Produkte mit dem »Glutenfrei-Symbol« oder mit der Auslobung »glutenfrei« sind im Fachhandel, Detailhandel, Großverteiler/Supermarkt oder über Online-Shops erhältlich.

Glutenverunreinigung vermeiden

Auch wenn nicht alle Betroffenen auf Gluten sofort mit spürbaren Beschwerden reagieren, können bereits kleinste Mehlrückstände – ob Brotkrümelchen oder Mehlstaub – die Dünndarmschleimhaut schädigen. Deshalb gilt es, beim Einkauf, bei der Zubereitung und beim Essen jegliche Verunreinigung zu vermeiden. Sobald mehrere Personen in einem Haushalt leben, ist es wichtig, gewisse »Regeln« zu beachten, damit Zöliakiebetroffene nicht durch Unachtsamkeit mit Glutenspuren in Kontakt kommen.

Lebensmittelgesetzgebung und Kennzeichnungspflicht

Die Lebensmittelkennzeichnung ist wichtig für die Kaufentscheidung. Denn wer unter einer Lebensmittelallergie oder Lebensmittelunverträglichkeit leidet, muss die betreffenden Lebensmittel und Zutaten strikt meiden.

Sowohl in der Schweiz wie auch in allen Staaten der EU gilt bei Lebensmitteln eine Kennzeichnungspflicht für die häufigsten Allergene, darunter auch die glutenhaltigen Getreide Weizen, Dinkel, Khorasan-Weizen, Roggen, Gerste, Hafer oder Hybridstämme sowie daraus hergestellte Produkte.

Die allergenen oder glutenhaltigen Zutaten müssen im Zutatenverzeichnis zudem durch Schriftart oder Schriftstil (z. B. Fettdruck) deutlich hervorgehoben werden. Anhand der Zutatenliste auf der Verpackung lässt sich somit gut erkennen, ob für die Herstellung eines Produkts glutenhaltige Bestandteile zum Einsatz kamen.

Die Bestimmungen der Allergenkennzeichnung gelten bei Zutaten gemäß Rezeptur auch für unverpackte Ware, z. B. an der Bedienungstheke, im Take-away oder Restaurant. Die Information über Allergene ist somit verpflichtend, ob schriftlich, elektronisch oder mündlich.

Im Gegensatz zur EU gilt in der Schweiz eine zusätzliche Kennzeichnungspflicht für unbeabsichtigte Kontaminationen von Lebensmitteln mit Gluten, sofern der Gehalt im genussfertigen Produkt über 200 Milligramm Gluten pro Kilogramm liegt oder liegen könnte. Dies muss mit einem Hinweis wie z. B. »Kann Gluten enthalten« oder »Kann Spuren von Gluten enthalten« erfolgen. Auf Vermischungen, die unter diesem Wert liegen, dürfen Hersteller freiwillig mit gleichem Wortlaut hinweisen.

Lebensmittel mit der Auslobung »glutenfrei« dürfen in der EU oder der Schweiz maximal 20 Milligramm Gluten pro Kilogramm enthalten.

Markenzeichen »Glutenfrei-Symbol«

Das rechtlich geschützte Markenzeichen der durchgestrichenen Ähre (Glutenfrei-Symbol) zeichnet glutenfreie Lebensmittel aus. Ein solches Produkt darf maximal 20 Milligramm Gluten pro Kilogramm enthalten. Die Nutzung des Glutenfrei-Symbols ist an gesetzlich vorgeschriebene Grenzwerte geknüpft und nur im Rahmen eines Vertrages mit der nationalen Zöliakiegesellschaft möglich. Damit unterliegen diese Produkte strengen Vorgaben in Bezug auf Anforderungen wie regelmäßige Glutenanalysen, Verhinderung von Gluten-Kontaminationen auf allen Verarbeitungsstufen, Mitarbeiterschulung etc. gemäß den Vorgaben der AOECS, des Dachverbands der Europäischen Zöliakiegesellschaften. Das seit vielen Jahren verwendete Glutenfrei-Symbol wird mit dem internationalen Ländercode sowie einer dreistelligen Hersteller- und einer dreistelligen Produktnummer ergänzt. Beispiel: CH-003-002 oder DE-018-054. Produkten, welche glutenfreien Hafer enthalten, wird der Zusatz »OATS« vorangestellt. Beispiel: OATS-CH-192-002 oder OATS-DE-099-150.

- Kaufen Sie Mehl, Grieß und Flocken, z. B. Buchweizenmehl, Hirseflocken oder Maisgrieß (Polenta) nur von Anbietern, die Glutenfreiheit mit dem Glutenfrei-Symbol und/oder der Bezeichnung »glutenfrei« auf der Verpackung ausdrücklich bestätigen.
- Lehnen Sie das Angebot eines Quartierbäckers ab, für Sie glutenfreies Brot zu backen. In einer Backstube ist überall sehr feiner Mehlstaub vorhanden! Nur Spezialbäckereien (in der Regel mit dem Glutenfrei-Symbol zertifiziert) arbeiten mit kontrolliert glutenfreien Zutaten in strikt getrennten Räumen und mit separaten Geräten, um jegliche Glutenverunreinigung zu vermeiden.
- Glutenfreie und glutenhaltige Produkte sind im Küchen- und Vorratsschrank getrennt voneinander aufzubewahren. Glutenfreie Produkte nicht offen, sondern immer gut verschlossen in Behältern oder in der Originalverpackung lagern.
- Halten Sie Arbeitsflächen, Küchengeräte, Backutensilien wie Backformen, Backbleche sowie Geschirr- und Handtücher immer sauber bzw. mehlfrei.
- Es empfiehlt sich, häufig verwendete Koch- und Backzutaten wie Bouillon, Paniermehl, Gewürze, Backpulver usw. ausschließlich in glutenfreier Qualität im Haushalt zu führen. Achten Sie darauf, dass auch Soja- und Würzsaucen, Würzmischungen, Gewürzzubereitungen wie Currypulver und Harissa immer glutenfrei sind.
- Frittieröl nicht gleichzeitig für Glutenfreies und Glutenhaltiges einsetzen.
- Kochen Sie glutenfreie Teigwaren nicht im selben Kochwasser wie glutenhaltige Pasta.
- Verwenden Sie zum Brotschneiden ein separates Brotmesser und Schneidebrett. Auch Butter nicht gemeinsam benutzen, um glutenhaltige Brotkrumelchen auf der Butter zu vermeiden. Zöliakiebetroffene verwenden am besten separat verpackte Butter.
- Zum Toasten von glutenfreiem Brot entweder zwei separate Toaster im Haushalt führen oder man kann sich mit hitzebeständigen Toastbeuteln aushelfen. Darin lassen sich glutenfreie Brotscheiben »geschützt« toasten. Auch auf Reisen und in den Ferien sind solche Toastbeutel sehr nützlich.
- Strikte Trennung gilt auch beim Essen. Beispiel: Entweder essen alle zum Käsefondue glutenfreies Brot oder man verwendet zwei Caquelons.

Vorsicht bei Fertigprodukten!

Heute sind zahlreiche so genannte Convenience-Produkte aus dem Alltag nicht mehr wegzudenken: Sie sind bequem und schnell zubereitet. Gluten, Weizenstärke und Weizenmehl sind technologisch gesehen ideale und beliebte Hilfs- und Zusatzstoffe. Ob ein Produkt glutenhaltige Zutaten enthält, lässt sich aufgrund der Zutatenliste auf der Verpackung feststellen. Gluten ist beispielsweise in Weizenmehl, Paniermehl, Kleie, Weizenkeimen, Weizenprotein (Seitan) und Gerstenmalz enthalten. Deshalb ist es wichtig, die Zutatenliste immer genau zu lesen. Denken Sie auch daran, dass die Hersteller die Rezeptur von Zeit zu Zeit ändern, dass unterschiedliche Verpackungsgrößen nicht die gleichen Zutaten aufweisen müssen oder dass das gleiche Produkt im Ausland anders zusammengesetzt sein kann!

Bei abgepackten Lebensmitteln ist es Vorschrift, dass alle Zutaten, die bei der Herstellung eines Produkts zum Einsatz kommen, deklariert werden müssen. Die Zutaten sind mengenmäßig in absteigender Reihenfolge deklariert.

Allerdings sind Spuren von Gluten bei industriell hergestellten Halb- und Fertigprodukten nicht auszuschließen, auch wenn bei der Herstellung keine glutenhaltigen Zutaten zum Einsatz kamen. Innerhalb ein und desselben Betriebs ist eine unbeabsichtigte Verschleppung von Zutaten und damit eine »Verunreinigung« möglich, beispielsweise wenn glutenfreies Getreide (z. B. Hirseflocken) oder andere von Natur aus glutenfreie Produkte die gleichen Verarbeitungsanlagen durchlaufen wie die glutenhaltigen Produkte.

Die Nahrungsmittelauswahl ab Seite 190 hilft Ihnen, sich einen Überblick im großen Angebot zu verschaffen.

Häufige Fragen und Antworten

Was geschieht ohne Behandlung?
Hält sich der oder die Betroffene trotz Diagnose nicht an die glutenfreie Ernährung, wird der Dünndarm weiter geschädigt. Es ist zwar möglich, dass keine Beschwerden wie Bauchweh oder Durchfall spürbar sind. Trotzdem führt die ungenügende Zufuhr von lebensnotwendigen Nährstoffen zu Mangelerscheinungen und Gesundheitsproblemen wie zum Beispiel Osteoporose (Knochenbrüchigkeit), die sich bereits im jungen Erwachsenenalter durch Knochenschmerzen und Knochenbrüche manifestieren kann.

Ein leicht erhöhtes Risiko für bösartige Tumore (Lymphome und Karzinome) im Dünndarm ist eine Spätkomplikation bei Nichteinhalten der glutenfreien Ernährung. Außerdem kann es häufiger zu weiteren Autoimmunkrankheiten wie Diabetes mellitus Typ 1 (insulinabhängige Zuckerkrankheit) oder Schilddrüsenentzündungen kommen. Auch wurden bei Frauen, die keine glutenfreie Ernährung befolgten beziehungsweise ohne Diagnose blieben, eine verminderte Fruchtbarkeit und vermehrte Fehlgeburten beobachtet.

Was geschieht bei einer einmaligen Einnahme von Gluten?
Nicht jeder reagiert auf eine absichtliche oder unabsichtliche Einnahme von glutenhaltigen Nahrungsmitteln mit den bekannten Symptomen. Die Reaktionen sind sehr unterschiedlich. Einige Betroffene bekommen Durchfall, Bauchschmerzen und Übelkeit, andere reagieren gar nicht oder erst nach Stunden. Die Betroffenen können sich äußerst schlecht fühlen.

Wenn es sich um eine versehentliche einmalige Gluteneinnahme handelt, kann sich die Darmschleimhaut rasch wieder erholen; es kommt zu keiner ausgedehnten Schädigung der Darmschleimhaut. Prinzipiell soll die glutenfreie Ernährung strikt eingehalten werden.

Gibt es Reaktionen auf kleinste Spuren von Gluten?

Es gibt sehr empfindliche Menschen, die trotz konsequenter Einhaltung der glutenfreien Ernährung Beschwerden haben. Sie reagieren auch auf kleinste Mengen, z. B. auf ein kleines Brotkrümelchen oder auf Weizenmehlstaub. In diesem Fall sind auch kleinste Mengen von Weizenstärke, Mehlmischungen aus glutenfreier Weizenstärke sowie Produkte mit Gerstenmalzextrakt zu meiden. Die meisten vertragen jedoch geringste Mengen von Gerstenmalzextrakt und Weizenstärke problemlos.

Beschwerden trotz glutenfreier Ernährung?

Oft reagieren Betroffene mit einer zerstörten Dünndarmschleimhaut auch auf viele andere Nahrungsmittel empfindlich. Dies ist jedoch in der Regel nur vorübergehend und normalisiert sich meist, sobald sich die Dünndarmschleimhaut erholt hat. Milch (Milchzucker, Laktose), sehr fetthaltige Speisen, stark gezuckerte Speisen und Getränke sowie schwer verdauliche Nahrungsmittel (z. B. Kohlsorten, Hülsenfrüchte, Zwiebeln, Knoblauch), zahnschonende Bonbons oder Quellmittel wie Guar in glutenfreien Backwaren können häufig Bauchschmerzen, Blähungen und Durchfall verursachen. Die Beschwerden sind sehr ähnlich wie bei einer Glutenunverträglichkeit. Es findet jedoch keine Schädigung der Dünndarmschleimhaut statt.

Was ist eine Laktoseintoleranz?

Eine Laktoseintoleranz (Milchzuckerunverträglichkeit) führt bei den Betroffenen nach Milchgenuss zu Bauchschmerzen, Blähungen, Aufstoßen und Durchfall. Bei Zöliakiebetroffenen kann der Milchzucker aufgrund der Schädigung der Dünndarmschleimhaut nicht verdaut werden. Milchzucker kommt in größeren Mengen in Milch vor, in Joghurt, Sauermilch, Hüttenkäse und Quark nur in kleinen Mengen, und Hartkäse ist laktosefrei. Indem man größere Mengen stark laktosehaltiger Nahrungsmittel meidet, lassen sich die Beschwerden reduzieren. Sobald sich die Dünndarmschleimhaut wieder erholt hat, vertragen Zöliakiebetroffene den Milchzucker meist wieder. Milchprodukte sind wertvolle Kalziumlieferanten. Kalzium ist wichtig für den Aufbau und die Erhaltung des Knochengewebes und der Zähne.

Ist Hafer in der glutenfreien Ernährung erlaubt?

Ja, aber … Klinische Studien belegen, dass reiner Hafer für die Mehrheit der Zöliakiebetroffenen unschädlich ist. Damit sind aber nicht handelsübliche Haferprodukte gemeint, sondern nur der speziell produzierte Hafer, der nicht mit anderen glutenhaltigen Getreiden verunreinigt ist. Im Handel sind mit dem Glutenfrei-Symbol zertifizierte oder explizit als glutenfrei ausgewiesene Haferprodukte erhältlich. Sie weisen unter dem Glutenfrei-Symbol den Zusatz »Hafer/Avoine« oder »Oats« auf. In der glutenfreien Ernährung sind ausschließlich solche Produkte erlaubt. Hafer enthält wertvolle Nährstoffe wie energieliefernde Kohlenhydrate, gesunde Fette, hochwertige Proteine, stuhlregulierende Nahrungsfasern sowie B Vitamine, Zink und Magnesium. Garantiert unkontaminierte und zertifizierte Haferprodukte bereichern die glutenfreie Ernährung.

Derzeit gibt es noch keine allgemeingültige Empfehlung, wann glutenfreier Hafer in die glutenfreie Ernährung eingeführt werden kann. Manche Zöliakiegesellschaften erlauben zertifizierte Haferprodukte bereits nach der Diagnosestellung, andere erst sechs Monate danach und/oder erst, wenn sich die Darmschleimhaut vollständig erholt hat. Unabhängig vom Zeitpunkt sollten sich Zöliakiebetroffene vorgängig mit einer Ernährungsfachperson absprechen und glutenfreien Hafer unter ärztlicher Begleitung mit den bekannten Kontrolluntersuchungen in ihre Ernährung einführen.

Da Hafer nahrungsfaserreich ist, kann es vorübergehend zu Verdauungsbeschwerden wie Blähungen oder weicherem Stuhlgang kommen, die wieder abklingen. Beginnen Sie deshalb mit einer Portion am Tag, z. B. glutenfreie Müeslimischung, Riegel, Brötchen mit Hafer, und steigern Sie die Menge schrittweise.

Beobachten Sie neu auftretende Symptome, ob sie sich bessern oder andauern. Bei anhaltenden Beschwerden könnte es sich in seltenen Fällen um eine Unverträglichkeit von glutenfreiem, zertifiziertem Hafer handeln.

Führt eine glutenfreie Ernährung zu einem Mangel?

Nein, Gluten ist nicht lebensnotwendig. Man kann sehr gut ohne Brotgetreide leben, wie dies auch heute noch viele Völker auf der Welt tun. Zöliakiebetroffene sollen darauf achten, die wichtige Gruppe der Stärkebeilagen nicht einfach wegzulassen, sondern durch von Natur aus glutenfreie Nahrungsmittel (Kartoffeln, Reis, Mais) und glutenfreie Spezialprodukte zu ersetzen.

Welche Kontrollen sind notwendig?

Bei problemlosem Verlauf und guter Einhaltung der glutenfreien Ernährung wird einmal pro Jahr eine ärztliche Nachkontrolle empfohlen. Bei den Zöliakiegesellschaften sind Merkblätter erhältlich, die erläutern, welche Kontroll-Untersuchungen aktuell angezeigt sind. Dazu zählt z. B. das Bestimmen der zöliakiespezifischen Antikörper im Blut. Ist der Wert dieser Antikörper nicht gesunken oder ist er sogar wieder angestiegen, sollte man mit Hilfe einer Fachperson die Ernährung auf versehentliche Gluteneinnahme überprüfen.

Wird Zöliakie vererbt?

Zöliakie wird nicht direkt von den Eltern auf die Kinder vererbt. Vererbt wird die Veranlagung. Nicht jeder Mensch mit einer entsprechenden genetischen Veranlagung erkrankt jedoch an Zöliakie. Es sind noch weitere, heute noch nicht bekannte Faktoren beteiligt.

Wenn in einer Familie eine Person betroffen ist, beträgt die Wahrscheinlichkeit 10 bis 15 Prozent, dass im engeren Verwandtenkreis noch jemand von Zöliakie oder seltener auch von Dermatitis herpetiformis (siehe Seite 13) betroffen ist. Deshalb empfiehlt sich ein Antikörpertest bei anderen Familienmitgliedern mit Symptomen, auch wenn die Symptome nicht »zöliakie-typisch« sind (z. B. Lernstörungen, Knochenschmerzen, Untergewicht, Müdigkeit). Angehörige, die wegen gesundheitlicher Probleme zum Arzt gehen, sollen unbedingt auf die in der Familie vorkommende Zöliakie aufmerksam machen.

Ist Zöliakie heilbar?

Nein, bis heute gibt es keine Möglichkeit, die Unverträglichkeit gegen Gluten zu heilen. Es wird an vielen verschiedenen Behandlungen wie Medikamente oder Impfungen geforscht. Ebenfalls versuchen Forscher herauszufinden, wie eine Zöliakie trotz genetischer Veranlagung verhindert werden könnte. Eine Therapie ist jedoch in den nächsten Jahren nicht zu erwarten. Die vorläufig einzige wissenschaftlich anerkannte Therapie ist eine lebensbegleitend glutenfreie Ernährung. Die Zöliakie als Darmkrankheit ist behandelbar, d. h. die Schleimhaut erholt sich vollständig unter glutenfreier Ernährung. Dies gilt auch für die Hautkrankheit Dermatitis herpetiformis Duhring.

TIPPS FÜR EINSTEIGER

Ernährungsberatung

Die Umsetzung und die tägliche Anwendung der glutenfreien Ernährung benötigt fachliche Beratung. Eine individuelle Ernährungsberatung durch eine in Zöliakie erfahrene anerkannte Ernährungsfachperson wird bei einer Neudiagnose unbedingt empfohlen. Sie kann »Neulinge« bei ihrer Ernährungsumstellung unterstützen und persönlich beraten. Im Verlauf der Zöliakie ist eine erneute Ernährungsberatung in folgenden Situationen ratsam:

- wenn bei der Jahreskontrolle positive Antikörper oder Beschwerden vorliegen (Suche von versteckten Glutenquellen)
- bei Kindern mit Eintritt in Kindergarten/Schule und vor der Pubertät (Wachstumsschub)
- bei Jugendlichen (ohne Anwesenheit der Eltern)
- vor einer geplanten Schwangerschaft oder in der Schwangerschaft
- bei zusätzlichen Erkrankungen wie Diabetes mellitus (Zuckerkrankheit), starkem Übergewicht, Verstopfung

In der Schweiz bezahlen die Krankenversicherungen die Kosten der ärztlich verordneten Ernährungsberatung. Anerkannte Ernährungsfachpersonen in Ernährung und Diätetik sind in der Schweiz die Ernährungsberater SVDE, in Deutschland die staatlich anerkannten Diätassistenten und vergleichbar qualifizierte Oecotrophologen/Ernährungswissenschaftler und in Österreich die Diätologen.

Wertvolle Hilfestellung bieten auch die Zöliakiegesellschaften, Regional- oder Landesgruppen sowie Selbsthilfevereinigungen für Betroffene (siehe dazu Seite 195–197).

Sind Sie erst kürzlich mit der Diagnose »Zöliakie« konfrontiert worden, bedeutet dies eine Umstellung Ihrer bisherigen Ernährungsweise und teilweise auch Ihrer Lebensgewohnheiten. Die folgenden Tipps sollen Ihnen aufzeigen, was zu Beginn wichtig ist, worauf zu achten ist und wie Sie die Umgewöhnungsphase am besten organisieren.

Persönliche Beratung

Lassen Sie sich durch eine in Zöliakie erfahrene anerkannte Ernährungsfachperson beraten. Sie vermittelt Ihnen die nötigen Fachkenntnisse und kann Sie in der Umsetzung und Anwendung der glutenfreien Ernährung individuell und persönlich unterstützen.

Information und Erfahrungsaustausch

Suchen Sie den Kontakt zu anderen Betroffenen und tauschen Sie Erfahrungen aus. Werden Sie Mitglied in einer Zöliakiegesellschaft. Regional- oder Landesgruppen organisieren regelmäßige gemeinsame Aktivitäten (z. B. Koch- und Backkurse) und geben nützliche Tipps und Adressen weiter.

Küchenorganisation

Wenn Sie als Single leben, räumen Sie Ihre Küche und verschenken Sie alles Glutenhaltige. Statten Sie Ihren Küchen- und Vorratsschrank komplett neu aus.

Wenn Sie mit anderen Personen zusammenleben, richten Sie in der Küche Ihr eigenes Fach ein, das nur für Ihre Lebensmittel bestimmt ist. Trennen Sie strikt zwischen Ihren Lebensmitteln und glutenhaltigen Produkten (z. B. durch spezielle Behälter). In einem Haushalt mit Kindern markieren Sie Geeignetes mit einem Smiley-Kleber. Auch für andere Familienmitglieder soll ersichtlich sein, was für den Betroffenen geeignet, was ungeeignet ist.

Einkaufen

Nehmen Sie sich zu Beginn mehr Zeit für den Einkauf. Achten Sie auf das Warenzeichen »Glutenfrei-Symbol« (durchgestrichene Ähre in einem Kreis). Die so gekennzeichneten Lebensmittel sind im Fachhandel, Detailhandel, Supermarkt oder über Online-Shops erhältlich. Lesen Sie bei jedem Lebensmitteleinkauf die Zutatenliste auf der Verpackung. Im »Kleingedruckten« versteckt sich oft Gluten (eine Lupe kann beim Einkauf hilfreich sein). Die meisten Großverteiler stellen Listen ihrer glutenfreien Produkte im Internet zur Verfügung. Fragen Sie bei Esswaren im Offenverkauf nach. Fehlt die Information bzw. die Deklaration oder ist das Personal nicht sicher, gilt es im Zweifelsfall darauf zu verzichten.

Mahlzeiten in der Familie

Viele Gerichte und einzelne Zutaten lassen sich glutenfrei so verändern, dass sie für alle geeignet sind. Dies erleichtert den Arbeitsaufwand und der Betroffene braucht keine Sonderstellung.

Hausgemacht

Selbst hergestellte glutenfreie Backwaren helfen Geld zu sparen. Mit etwas Übung, Routine und einigen Tricks werden Sie bald zufriedenstellende Resultate erzielen. Beim Experimentieren entstehen oft die besten Kreationen!

Zubereitung

Achten Sie auch bei der Zubereitung auf strikt getrenntes Arbeiten, damit Ihre Speisen nicht durch glutenhaltige Mehl-, Gebäck- oder Brotspuren »verunreinigt« werden, z. B. Mehlreste in Teigschüsseln oder Backformen, Brotkrümel auf Arbeitsfläche, in der Brotbox usw. (siehe auch Seite 16).

Rezepte und Kochkurse

Nehmen Sie sich Zeit und schmökern Sie in einer Buchhandlung oder einer Bibliothek in Kochbüchern zum Thema und lassen sich von der Rezeptvielfalt inspirieren. Suchen Sie im Internet nach Rezepten und Food-Bloggern für die glutenfreie Küche. Das gibt Ideen und Motivation, selber Rezepte auszuprobieren. Besuchen Sie einen glutenfreien Back- oder Kochkurs, um wichtige Tipps und Tricks für die Praxis zu erfahren und sich mit anderen Betroffenen auszutauschen.

Anbieter, Messen und Veranstaltungen

Sie suchen ein Lieblingsprodukt, aber glutenfrei? Meistens findet sich ein vergleichbares Ersatzprodukt ohne Gluten. Informieren Sie sich in einem Fachgeschäft oder Reformhaus. Sie werden staunen, wie groß und abwechslungsreich das Angebot an glutenfreien Spezialprodukten ist. Auch Supermärkte und Discountgeschäfte führen inzwischen ein beachtliches Sortiment an glutenfreien Alternativen. Besuchen Sie Messen und Veranstaltungen, welche die Zöliakiegesellschaften organisieren. Dort präsentieren Hersteller ihre Produkte, und Besucher können degustieren und direkt einkaufen.

Unterwegs

Denken Sie an Zwischenmahlzeiten auf Reisen (längere Bahn- oder Autofahrten). Für den kleinen Hunger unterwegs eignen sich glutenfreies Brot, glutenfreie Crackers oder Reiswaffeln. Auch Obst, Dörrfrüchte (z. B. Apfelringe), Joghurt, Nüsse, Studentenfutter sind empfehlenswert.

Ferien und Reisen

Auch mit Zöliakie ist es möglich, auswärts zu essen. Indem Sie gut über Produkte und Zubereitungsarten informiert sind, nach Möglichkeit vorgängig Absprachen treffen und bei

Unsicherheiten nachfragen, können Sie auch im Restaurant, bei Einladungen und auf Reisen glutenfreies Essen genießen. Geben Sie im Hotel oder Restaurant ein Merkblatt mit den wichtigsten Informationen ab. In praktisch allen Ländern mit westlichen Ernährungsgewohnheiten gibt es Zöliakiegesellschaften, die mit geeigneten Adressen weiterhelfen.

Informieren

Klären Sie Verwandte, Freunde und (Arbeits-) Kollegen über die glutenfreie Ernährung auf. Viele kennen Zöliakie nicht und sind interessiert an Informationen und Tipps. Geben Sie ihnen das Wichtigste in Kürze schriftlich ab. Die Zöliakiegesellschaften bieten hilfreiche Informationsblätter an. Je mehr Personen die Zöliakie kennen, umso einfacher wird das Leben für Betroffene.

Und schließlich: Positiv denken und leben

Versuchen Sie trotz veränderter Ernährungs- und Lebenssituation das Positive zu sehen. Sie sind trotz Zöliakie gesund und leistungsfähig. Konzentrieren Sie sich eher darauf, was Sie dürfen, und nicht darauf, was Sie nicht mehr dürfen. Füllen Sie Ihr Leben mit Erlebnissen, die Ihnen Freude und Spass machen, etwa faszinierende Hobbys, spannende Ausflüge, anregende Gespräche, und gönnen Sie sich gelegentlich etwas Besonderes. Lassen Sie sich von der Krankheit nicht unnötig einschränken.

Wichtigste Tipps für die Umstellung

- Lassen Sie sich von einer Ernährungsfachperson beraten.
- Werden Sie Mitglied bei einer Zöliakiegesellschaft. Diese bieten Informationsmaterial, Beratung, Veranstaltungen, Mitgliederzeitschrift, regionale Kontaktgruppen.
- Organisieren Sie die Küche neu. Trennen Sie strikt Glutenhaltiges von glutenfreien Produkten, richten Sie z. B. einen separaten »glutenfreien« Küchenschrank ein.
- Informieren Sie Ihr Umfeld über Zöliakie. Das fördert die Toleranz für Ihre besonderen Essbedürfnisse.
- Suchen Sie geeignete Einkaufsmöglichkeiten glutenfreier Produkte in der Nähe des Wohn- oder Arbeitsorts (Reformhaus, Drogerie, Großverteiler) oder über einen Online-Shop.
- Kontaktieren Sie andere Zöliakiebetroffene. Regionalgruppen bieten Treffen und gemeinsame Aktivitäten an. Auf Plattformen in sozialen Medien findet ein regelmäßiger Austausch unter Betroffenen statt.
- Besuchen Sie glutenfreie Koch- oder Backkurse, um neue Rezepte auszuprobieren und nützliche Tricks für die Praxis zu erfahren.
- Für unterwegs und in den Ferien am besten immer einen geeigneten kleinen Proviant mitnehmen. Bei Zöliakiegesellschaften sind Restaurant- und Hotellisten erhältlich.

KINDER UND JUGENDLICHE MIT ZÖLIAKIE

Säugling

Die Diagnose einer Zöliakie erfolgt bei Säuglingen frühestens Wochen oder Monate nach Einführung glutenhaltiger Getreidebreie oder von Brot. Die Beikost wird in der Regel ab dem 5. bis 6. Monat verabreicht. Idealerweise wird der Säugling während der Einführung der Beikost noch gestillt. Nach einer diagnostizierten Zöliakie muss das Kind konsequent Gluten meiden. Ansonsten gestaltet sich die Ernährung gleich wie bei gleichaltrigen Kindern.

Ist ein Kind von Zöliakie betroffen, ist es wichtig, Angehörige, Freunde und Bekannte darüber aufzuklären. Eine klare Haltung ist von Beginn der Nahrungsumstellung an notwendig. Für Kinder ist die glutenfreie Ernährung oft nicht so einschneidend wie für die Umgebung. Kleinkinder lernen schnell und akzeptieren die Zöliakie leichter als Erwachsene.

Kleinkind

Die ersten Schwierigkeiten ergeben sich, wenn das Kind in die Spielgruppe oder den Kindergarten kommt. Betreuungspersonen und allenfalls andere Eltern (z. B. bei Einladung an Kindergeburtstage) müssen genau über die Zöliakie informiert werden. Ein Kleinkind kann noch nicht selbst wissen, was es essen darf und was nicht. Bringen Sie Ihrem Kind bei, dass es nachfragen muss, wenn ihm von anderen etwas angeboten wird. Falls das Kind sehr empfindlich auf Gluten reagiert und bei Essfehlern Bauchschmerzen bekommt, wird es intuitiv gegenüber angebotenen Esswaren zurückhaltend sein.

Kindergartenalter

Um seine Krankheit zu begreifen, muss das Kind bereits ein objektives Weltbild entwickelt haben. Es erkennt dann, dass die Welt nicht so ist, wie es sie haben will oder wie es sie sich vorstellt. Das Kind lernt, bestehende Gesetzmäßigkeiten zu akzeptieren. Dies geschieht ungefähr im Kindergartenalter. Denken Sie sich eine Geschichte aus, in die Sie die Zöliakie als Krankheit einbauen. Versuchen Sie die Gedankenwelt des Kindes nachzuvollziehen und lassen Sie das Kind die Geschichte selbst ausschmücken. Heute gibt es Kinderbücher, die sich Körpervorgängen und Krankheiten, speziell der Zöliakie widmen. Das Kind kann im Kindergarten erzählen, warum es bestimmte Nahrungsmittel nicht essen darf. Kinder gehen in diesem Alter sehr natürlich und unbefangen mit Eigenheiten ihrer Spielkameraden um.

Schulalter

Eltern können wesentlich dazu beitragen, dass Kinder einen guten Umgang mit der Zöliakie finden, indem sie deren Selbstvertrauen und Eigenständigkeit fördern. Wichtig ist die Information der Lehrpersonen, um dem Kind in der Schule peinliche oder schwierige Situationen zu ersparen. Stellen Sie Ihr Kind nicht unter eine Glasglocke. Es muss lernen, mit der Krankheit umzugehen. Es soll den Grund für die glutenfreie Ernährung verstehen. Beziehen Sie es in die Planung und Zubereitung der Mahlzeiten ein. So lernt es schrittweise, für seine Ernährung selbst Verantwortung zu übernehmen, und ist später fähig, selbstständig glutenfrei zu kochen. Je normaler das Leben innerhalb der Familie abläuft, umso leichter ist es für Betroffene, auch anderswo mit der glutenfreien Ernährung zurechtzukommen.

Erkundigen Sie sich bei Ihrer Zöliakiegesellschaft über allfällige Ferienlager oder Freizeitaktivitäten für Kinder oder Jugendliche. Unbeschwertes Zusammensein und gemeinsame Erlebnisse mit »Gleichgesinnten« motivieren, stärken und lassen das »Andersessen« in den Hintergrund treten.

Jugendliche

Erst in der Pubertät erleben Jugendliche die Zöliakie als Störfaktor. Im Vergleich mit Gleichaltrigen fühlen sie sich »nicht normal«. Ihre Erkrankung empfinden sie als Makel, und am liebsten würden sie die Zöliakie vergessen. Sie wollen nicht Außenseiter sein, sondern dazugehören und zum Beispiel Pasta- oder Pizza-Partys genauso unbeschwert genießen wie die anderen. Immer Nein sagen zu müssen ist lästig und anstrengend. Häufig machen Jugendliche in dieser schwierigen Altersphase ihre ersten bewussten Essfehler. Vielleicht haben sie sogar festgestellt, dass ein Ausrutscher nicht gleich Bauchweh und Durchfall verursacht, wie immer gesagt wurde.

In Wirklichkeit aber ruft die Einnahme von Gluten erneut eine Autoimmunreaktion hervor und die Dünndarmschleimhaut wird geschädigt. Glutenhaltiges führt oft nicht sofort zu spürbaren Beschwerden, aber unter Umständen zu geringerem Wachstum, vermehrter Gereiztheit, verminderter Konzentrationsfähigkeit, Müdigkeit und damit zu schlechteren Schulleistungen. Bei Ausrutschern nützen Tadel und Strafen nichts. Die Eltern sollten solche Situationen nicht dramatisieren. Hilfreich ist eine sachliche und ehrliche Diskussion über die Krankheit.

Schaffen Sie einen Rahmen, in dem sich Jugendliche Ihnen anvertrauen können und auch Ausrutscher eingestehen dürfen. Wer ausrutscht, beweist damit nur, dass er üblicherweise unglaublich diszipliniert ist, sonst würde er seinen Ausrutscher gar nicht wahrnehmen. Jugendliche wollen ihr Leben selbst bestimmen und ihre eigenen Erfahrungen machen. Manchmal kann es hilfreich sein, dass der junge Mensch ohne Eltern ein Gespräch mit dem Hausarzt, einem Gastroenterologen, einer Ernährungsfachperson oder einem Psychologen führt. Es ist normal, dass die Krankheitsbewältigung nicht einfach ist und dass sich Jugendliche in diesem Alter von den Eltern lösen.

- Selbstbewusstsein und Eigenverantwortung stärken
- Miteinbeziehen bei der Menü- und Rezeptgestaltung
- Aktive Beteiligung beim Kochen und Backen glutenfreier Rezepte fördern
- Austausch mit gleichaltrigen Betroffenen unterstützen, z. B. gemeinsame Freizeitaktivitäten, Teilnahme an Sommercamps, Weekends oder Backkursen für Jugendliche

Tipps im Umgang mit schwierigen Situationen

Hauptsache, es sieht gleich aus

Die meisten Kleinkinder sind zufrieden, wenn das, was sie bekommen, ähnlich aussieht und schmeckt wie das »normale« Essen. Lassen Sie Ihr Kind beim Kochen und Backen aktiv mithelfen, das macht es stolz und selbstbewusst.

Ich bin etwas Besonderes

Wer hört nicht gerne, dass er etwas Besonderes ist? Loben und stärken Sie besondere Fähigkeiten und Eigenschaften Ihrer Kinder. Ist sich ein Kind seiner Stärken bewusst, ist ein Verzicht leichter zu ertragen.

... aber nichts Spezielles

Kinder wollen nicht anders sein und an Kindergeburtstagen auffallen, indem sie ihren »Spezialkuchen« essen müssen. Setzen Sie sich im Vorfeld mit anderen Müttern in Verbindung und geben Sie Ideen, was allen Kindern schmeckt und Ihrem Kind nicht schadet.

Immer wieder ermutigen

Im Leben jedes Zöliakiebetroffenen gibt es Phasen, wo das Anders-essen-Müssen zur Last wird. Gerade dann ist es unerlässlich, die Kinder zu ermutigen, stark zu bleiben. Mutmachende Worte und anerkennende Äußerungen können etwa sein: »Ich kann mir denken, wie schwer das für dich ist, und ich bewundere deine Disziplin und Willensstärke.« »Ich finde, du bist ganz schön mutig, vor den anderen einfach Nein zu sagen. Dieser Mut wird dir im Leben sehr nützlich sein.« »Obwohl es im Moment wirklich schwierig ist, glaube ich ganz fest daran, dass du das schaffst.«

... und mit Ideen motivieren

Geben Sie dann Hilfestellung, wenn Sie das Gefühl haben, Ihr Kind wird in eine Außenseiterrolle gedrängt. Lassen Sie z. B. Ihren Teenager mit Freunden zuhause eine (glutenfreie) Back- oder Pizzaparty feiern. Solche Aktivitäten helfen Zöliakiebetroffenen, besser und lockerer mit ihrer Krankheit umzugehen.

GETREIDE-UNVERTRÄGLICHKEITEN KURZ ERKLÄRT

Immer mehr Menschen essen weniger Getreide oder verzichten gänzlich darauf, speziell auf Weizenprodukte. Manche mit Übergewicht haben die Erfahrung gemacht, dass sie sich ohne Brot und Teigwaren besser fühlen und sogar Gewicht reduzieren können. Einige verzichten aus ökologischen und weltanschaulichen Gründen auf Weizen und bevorzugen alte Getreidesorten aus biologischem Anbau. Andere eifern ihren Vorbildern aus Sport, Modewelt und Showbusiness nach, die glutenfrei essen und ihren Erfolg unter anderem damit begründen. Glutenfreie Ernährung als neue Diät oder moderner Lebensstil für mehr Wohlbefinden?

Tatsache ist: Weizen macht weder dick noch dumm. Für die meisten ist glutenhaltiges Getreide – speziell Vollkornprodukte – ein wertvoller Bestandteil einer ausgewogenen Ernährung. Richtig ist aber auch: Gluten ist nicht lebensnotwendig. Viele Völker essen keine glutenhaltigen Lebensmittel, weil sie keinen Weizen anbauen oder er sich nicht überall kultivieren lässt.

Dennoch ist es zu begrüßen, dass das Interesse an glutenfreier Ernährung und damit die Nachfrage nach glutenfreien Produkten gestiegen sind. Dieser Glutenfrei-Trend führte zu vermehrter Verfügbarkeit, größerer Produktevielfalt und verbesserter Qualität. Wenn jedoch immer mehr Menschen freiwillig auf Weizen verzichten und glutenfrei essen, besteht die Gefahr, dass jene, welche aus gesundheitlichen Gründen Gluten meiden müssen, nicht mehr ernst genommen werden.

Wer den Eindruck hat, er verträgt Weizenprodukte nicht, sollte sich deshalb beim Arzt sorgfältig untersuchen lassen, bevor er diese Produkte vom Speiseplan verbannt. Als Ursachen der zunehmenden Getreideunverträglichkeiten diskutieren Fachleute verfeinerte Diagnostikmethoden, neue Getreidezüchtungen, veränderte Umweltfaktoren, verbesserte

Glutenfrei essen – neuer Lebensstil oder notwendige Ernährungstherapie?

In den letzten Jahren hat sich die glutenfreie Ernährung als neuer Lebensstil entwickelt. Der Hype um glutenfreies Essen hat das Produkteangebot stark erweitert. Das ist positiv für Personen, die an einer Zöliakie oder Getreideunverträglichkeit leiden. Aber für sie ist es kein vorübergehender Trend, sondern lebenswichtige Therapie. Sie müssen Gluten oder Weizen langfristig meiden, um gesund zu bleiben.

Hygienemaßnahmen, fortschrittliche Herstellungsverfahren für Brot und moderne Ernährungsweisen. Betroffene mit einer Zöliakie müssen Gluten strikt meiden. Aber auch bei folgenden Diagnosen müssen betroffene Personen auf glutenhaltige Getreideprodukte verzichten oder den Verzehr einschränken:

Weizenallergie

Es gibt verschiedene Formen von Weizenallergien. Dabei reagieren Betroffene nicht nur auf das Gluten selbst, sondern auch auf andere Proteinbestandteile des Getreidekorns. Eine Allergie gegen Weizen ist sehr selten. Am häufigsten kommt die Weizenallergie im Säuglingsalter vor. Die Allergie kann zu akutem Hautausschlag und Juckreiz (Nesselsucht) führen oder eine bestehende Neurodermitis (Hautekzem) verschlechtern. Auch Bauchschmerzen und Durchfälle können auftreten. In den meisten Fällen entwickeln die betroffenen Kleinkinder eine Toleranz und vertragen den Weizen wieder. Die Diagnosestellung erfolgt durch den Kinderarzt oder einen Facharzt für Allergologie.

Bei der so genannten Weizen-Soforttyp-Allergie löst die Aufnahme von Weizen innert Minuten bis zwei Stunden Beschwerden im Verdauungstrakt, auf der Haut und bei der Atmung aus und kann im Extremfall bis zum anaphylaktischen Schock mit Atemnot und Kreislaufstillstand führen.

Eine seltene Sonderform davon ist die allergische Reaktion auf Weizenprodukte, wenn man sich körperlich intensiv anstrengt. In der Folge kommt es zu allergischen Beschwerden bis zum Kreislaufstillstand. Ohne körperliche Anstrengung werden Weizenprodukte jedoch problemlos vertragen.

Ein Facharzt für Allergologie stellt die Diagnose mittels Blut- und Hauttests und manchmal auch mit einem Provokationstest. Betroffene mit einem Risiko für lebensbedrohliche Reaktionen müssen deshalb ein Notfallset mit einem Adrenalin-Autoinjektor mit sich führen.

Weizensensitivität

In den letzten Jahren liest man vermehrt von Nicht-Zöliakie-Weizensensitivität oder auch Nicht-Zöliakie-Glutensensitivität. Diese Begriffe verwendet man, wenn eine Person auf weizenhaltige Nahrungsmittel empfindlich reagiert und ähnliche Symptome zeigt wie bei einer Zöliakie. Im Gegensatz zur Zöliakie finden sich jedoch weder Antikörper im Blut noch die typischen Veränderungen der Dünndarmschleimhaut. Wenn also keine Weizenallergie und kein Reizdarm-Syndrom vorliegen und der Arzt nach sorgfältiger Abklärung auch andere mögliche Ursachen ausschließt, wird eine so genannte Nicht-Zöliakie-Weizensensitivität vermutet. Zum heutigen Zeitpunkt gibt es keine verlässlichen messbaren Laborwerte oder Tests, die eine eindeutige Diagnose ermöglichen. Unklar ist ebenfalls, welcher Inhaltsstoff des Getreides der Auslöser ist und welche Rolle das Immunsystem dabei spielt.

In den nächsten Jahren wird die weitere Forschung für mehr Klarheit sorgen. In jedem Fall sollte man Beschwerden zuerst ärztlich abklären lassen, bevor man Glutenhaltiges in der Ernährung weglässt.

Reizdarm-Syndrom

Die häufigste Ursache für Magen-Darm-beschwerden ist das Reizdarm-Syndrom. Rund 10 bis 15 Prozent der Erwachsenen leiden darunter. Frauen sind deutlich häufiger davon betroffen als Männer. Typische Symptome sind Blähungen, Durchfälle, Verstopfung und Bauchschmerzen. Die Ursachen des Reizdarm-Syndroms sind noch nicht vollständig geklärt. Man geht heute davon aus, dass mehrere Faktoren eine Rolle spielen: Veranlagung, Umweltfaktoren, Zusammenspiel des Nervensystems, Koordination der Darmmuskeln, Darminfekte, Mikrobiota (»Darmflora«) und die Ernährung.

Reizdarmbetroffene reagieren nicht auf das Gluten selbst, sondern unter anderem auf Fruktane, die in Weizen, Roggen, Gerste enthalten sind. Fruktane gehören zu den so genannten FODMAPs. FODMAP ist die Abkürzung für **F**ermentierbare **O**ligo-, **D**i-, **M**onosaccharide und (**a**nd) **P**olyole. Das ist ein Sammelbegriff für eine Gruppe von Mehrfachzuckern, die wasseranziehend sind und im Darm rasch vergären und so bei Reizdarmbetroffenen zu Beschwerden führen können.

FODMAPs finden sich in vielen Lebensmitteln wie Brot, Teigwaren, Milch, Hülsenfrüchten, bestimmten Nüssen, verschiedenen Gemüse- und Obstsorten sowie Knoblauch und Zwiebeln. Zur Behandlung hat sich das FODMAP-Konzept bewährt. Für die praktische Umsetzung empfiehlt es sich, eine professionelle Beratung durch eine erfahrene und anerkannte Ernährungsfachperson in Anspruch zu nehmen. Vorher soll unbedingt eine ärztliche Abklärung erfolgen, denn die Symptome von Zöliakie und Reizdarm-Syndrom sind sehr ähnlich. Bei Zöliakie gilt es, Gluten strikt zu meiden, bei einem Reizdarm-Syndrom hilft bereits eine Reduktion von Weizenprodukten.

Abklärung beim Facharzt

Ob Zöliakie, Reizdarm-Syndrom, Weizenallergie oder Weizensensitivität – eine gründliche Abklärung durch den Facharzt ist wichtig, denn die Ernährungsempfehlungen unterscheiden sich je nach Diagnose. Bei allen Formen der Getreideunverträglichkeit führt eine glutenfreie Ernährung zu einer Besserung der Symptome.

GLUTENFREIE GETREIDE UND KÖRNER

Die verschiedenen Sorten und ihre Verwendung

Glutenfreie Getreidesorten und »Körner« enthalten energieliefernde Kohlenhydrate und für die Darmbakterien förderliche Nahrungsfasern. Außerdem sind sie reich an Mineralstoffen und Vitaminen. Sie lassen sich abwechslungsreich zu pikanten und süßen Rezepten zubereiten. Produkte wie Grieß, Flocken und Mehl müssen glutenfrei sein. Achten Sie auf das Glutenfrei-Symbol auf der Verpackung!

Mais

Das Volk der Inkas kultivierte rund 400 Maisvarietäten in unterschiedlichsten Kornfarben. Noch heute ist Mais ein wichtiges Grundnahrungsmittel in Lateinamerika. Dank Kreuzungen und Züchtungen sind bei uns wieder bunt gesprenkelte Maiskolben und daraus hergestellter Maisgrieß erhältlich. Lokale Maisspezialitäten sind z. B. der »weiße« Mais aus Norditalien oder der »Ribelmais« aus dem St. Galler Rheintal.

Verwendung
Bekannt ist Polenta aus feinem oder grobem Maisgrieß – ein Grundrezept, das man z. B. als Pizzaboden oder für Maisschnitten verwenden kann. Aus Maismehl lassen sich Tacos, Tortillas, Maisfladenbrot, Maiscrêpes und Maisnudeln herstellen. Beliebt sind auch Popcorn und Zuckermaiskolben vom Grill zum Abknabbern. Achtung: Nicht alle Cornflakes sind glutenfrei (siehe Seite 188).

Hirse

Hirse ist eine sehr anspruchslose Pflanze, die viel Trockenheit und Hitze verträgt. Deshalb zählt sie zu den wichtigsten Hauptnahrungsmitteln Afrikas. Der Begriff »Goldhirse« erklärt sich durch die goldgelbe Farbe der bei uns erhältlichen Speisehirse (Rispenhirse). Meistens findet man nur geschälte Hirse, denn bei der Verarbeitung wird die harte Fruchtschale vom Korn getrennt. Aus den geschälten Körnern werden Flocken oder Mehl hergestellt. Hirse lässt sich wie Reis zubereiten, wobei das Hirsekorn beim Kochen stärker aufquillt.

Ebenfalls von Natur aus glutenfrei sind Braunhirse und Sorghum. Die Braunhirse ist eine Wildform der Goldhirse und besitzt eine braunrote Farbe. Sie ist immer ungeschält erhältlich, wobei die Schalen sehr hart sind und viele Bitterstoffe (Tannine) und Phytinsäure enthalten. Braunhirse hat deshalb in der glutenfreien Küche wenig Bedeutung. Sorghum, auch Perlhirse genannt, ist eine Kolbenhirse. Sie wächst ähnlich wie Mais und wird bis fünf Meter hoch. Sorghum wird in afrikanischen Ländern zum Backen von Fladenbrot oder auch für Hirsebrei und Hirsebier verwendet.

Verwendung
Als Hirsotto (wie Risotto), Burger, Suppeneinlage, Pizzaboden, Füllung für Gemüse (z. B. Tomaten, Peperoni/Paprika, Auberginen), für süße und pikante Aufläufe. Hirseflocken kann man für Müesli oder Gebäck verwenden. Ein kleiner Anteil Hirsemehl macht Kleingebäck besonders knusprig.

Reis

Reis ist die am häufigsten angebaute Nutzpflanze der Welt und bildet für rund fünfzig Prozent der Menschheit die wichtigste Nahrungsgrundlage überhaupt. Weltweit sind über 10 000 verschiedene Reisvarietäten bekannt. Der rote Camarguereis aus Frankreich ist beliebt, weil er vielen Reisgerichten eine attraktive Note verleiht. Auch in Italien werden verschiedene Reissorten angebaut, wie roter oder schwarzer Reis. Interessant sind die verschiedenen Reissorten aus fernöstlichen Küchen: Der fein duftende Basmatireis aus Indien, die aromatischen thailändischen Reisarten (z. B. Jasminreis) oder der stark klebrige Sushireis. Empfehlenswert ist vor allem Vollkornreis, der reichlich Nährstoffe und Nahrungsfasern besitzt. Durch ein spezielles Verfahren enthält Parboiled-Reis mehr Vitamine und Mineralstoffe als wei-ßer, geschälter Reis. Beliebt sind auch Produkte aus Reismehl wie Reisnudeln für Wokgerichte oder Reisblätter, aus denen sich Frühlingsrollen zubereiten lassen.

Verwendung
Als Beilage, Risotto, Aufläufe, Suppen, Salate, zum Füllen von Gemüse und für Süßspeisen wie Milchreis, Pudding, Cremen. Gemischt mit anderen glutenfreien Mehlen macht Reismehl Kleingebäck knusprig.

Buchweizen

Buchweizen – auch Sarazenen-, Tataren- oder Heidekorn genannt – ist kein Getreide, sondern ein Knöterichgewächs und ist mit dem Rhabarber und Sauerampfer verwandt. Es gibt unterschiedliche Sorten, wie z. B. den Tatarischen Buchweizen und den Silberbuchweizen. Letzterer ist milder im Geschmack und überzeugt durch bessere Backeigenschaften als der Tatarische Buchweizen. In seiner Nährstoffzusammensetzung und Verwendung ist Buchweizen mit anderen Körnern vergleichbar. Er besitzt viel Eiweiß von hoher biologischer Qualität. Buchweizen hat einen kräftigen, nussartigen Geschmack, der in Brotrezepten gut zur Geltung kommt. Dank seiner Schleimstoffe bindet Buchweizenmehl viel Wasser. Das macht die Brotteige feuchter und schwerer. Die ganzen Buchweizenkörner sollte man vor dem Kochen unter fließendem, heißem Wasser gut durchspülen.

Verwendung
Ganze Körner lassen sich zu pikanten Gerichten wie Aufläufen oder Eintöpfen zubereiten. Buchweizenmehl eignet sich für Crêpes (Galettes), Waffeln, Pancakes, Spätzle, Pizzoccheri, Kuchen und Kleingebäck und als Zusatz in Brotteigen. Blinis (russische Pfannkuchen) werden traditionell aus Buchweizen hergestellt.

Amaranth

Amaranth ist eine getreideähnliche Pflanze, die zu den Fuchsschwanzgewächsen gehört. Von den weltweit siebzig verschiedenen Sorten wachsen die meisten als »Unkraut«, nur wenige werden als Kulturpflanze angebaut. In Europa kennen wir den Gartenfuchsschwanz als Zierpflanze. Im tropischen Klima wächst Amaranth als Blattgemüse (ähnliche Zubereitung wie Spinat) oder als Körnerfrucht; dabei verwendet man die winzig kleinen Samen der Gattung Amaranthus hypochondriacus. Deren Eiweißgehalt ist höher als jener von Weizen, Mais, Reis oder Hafer, was in den Ursprungsländern, wo oft Eiweißmangel herrscht, sehr geschätzt wird. Amaranth gibt es in unterschiedlichen Farbtönen.

Verwendung

In der Küche eignet sich Amaranth für pikante und süße Gerichte, z. B. als einfache Beilage oder gemischt mit Gemüse für Pfannengerichte, Eintöpfe oder Pfannkuchenfüllungen. In gepuffter Form lässt sich Amaranth Müeslimischungen, Riegeln und Kleingebäck beimischen. Auch Süßspeisen wie Puddings und Cremen gelingen mit Amaranth ausgezeichnet.

Quinoa

Quinoa wurde schon vor fünftausend Jahren in Peru und Bolivien kultiviert. Botanisch zählt Quinoa zu den Gänsefußgewächsen und sieht mit seinen kleinen gelblichen Körnern der Hirse sehr ähnlich. Sein hoher Eiweißgehalt ist in den Anbauländern in Südamerika von großer Bedeutung. Quinoa besitzt viele Mineralstoffe und Vitamine und zählt zu den Spitzenreitern unter den Körnern! Quinoa gibt es in unterschiedlichen Farbtönen von Weiß, Rot, Braun bis Schwarz, aber auch als bunte Mischung. Erhältlich sind verschiedene Quinoaprodukte, z. B. Mehl, Flocken, Flakes oder in gepuffter Form.

Verwendung

Quinoa lässt sich vielseitig für Salate, Suppen, Eintöpfe, Bratlinge, Süßspeisen, als Füllung in Gemüse oder einfache Beilage (wie Reis oder Hirse) zubereiten. In gepuffter Form kann man es in den Joghurt rühren oder in Kuchen und Gebäck verarbeiten. Häufig wird gepufftes Quinoa glutenfreien Fertigmüeslimischungen beigemischt.

Hinweis Hafer

Ist Hafer in der glutenfreien Ernährung erlaubt? Lesen Sie mehr dazu auf Seite 19.

Wildreis

Wildreis ist eigentlich keine Getreidesorte, sondern ein wild wachsendes Wassergras, das im Nordosten der USA und in Kanada beheimatet ist. Es gedeiht hauptsächlich in kalten Gewässern in freier Natur ohne künstliche Düngung. Seine aufwendige Ernte von Hand und der geringe Ertrag erklären den relativ hohen Preis. Seine dunkle Farbe und seinen kräftigen, nussigen Geschmack erhält es beim Trocknen. Wildreis zeichnet sich besonders durch seinen hohen Gehalt an B-Vitaminen und Eiweiß aus.

Verwendung
Die Kochzeit ist ähnlich wie bei Vollkornreis, das heißt länger als bei weißem, geschältem Reis. Wildreis eignet sich ausgezeichnet als Beilage, beispielsweise auch gemischt unter (Voll-)Reis.

Teff

Teff ist das kleinste Getreide der Welt und zählt zur Familie der Süßgräser. Das winzige Körnchen, auch bekannt als Zwerghirse, stammt aus Äthiopien und wird inzwischen in den USA und in Europa angebaut. Teff ist sehr eiweiß- und nahrungsfaserreich. Teffmehl eignet sich zum Binden von Suppen und Saucen oder als Zusatz in Brot und Gebäck.

Kochen von glutenfreiem Getreide und anderen Körnern

	Grieß	Schrot	Ganze Körner	
Menge an Flüssigkeit im Verhältnis zur Getreide-/Körnermenge	Maisgrieß: 3- bis 4-fach alle anderen Sorten: 2- bis 2½-fach	Maisschrot (Bramata): 3- bis 4-fach alle anderen Sorten: 3- bis 4-fach	Hirse: 2- bis 3-fach Buchweizen: 2-fach Quinoa: 2- bis 3-fach Amaranth: 2- bis 3-fach	Vollreis: 2- bis 3-fach andere Reissorten (Risotto, Basmati, Jasmin, roter oder schwarzer Reis) je nach Sorte: Zubereitung gemäß Angabe auf der Verpackung
Einweichen	Nein	Nein	Nein	Vollreis: ja
Kochdauer	5–10 Minuten	15–25 Minuten	20–30 Minuten	mit Einweichen 20–30 Minuten ohne Einweichen 30–40 Minuten
Salz ins Kochwasser	Ja	Ja	Ja	Nein
Nachquellen	10–20 Minuten	20–30 Minuten	15–30 Minuten oder länger	20–40 Minuten oder länger

Kochen mit Körnern: Tipps und Tricks

- Die Kochzeit von ganzen Körnern (Vollreis, Buchweizen, Hirse) hängt von der Einweich- und der Quellzeit ab. Lässt man z. B. Vollreis über Nacht in Wasser einweichen, verkürzt sich die Kochzeit. Hat man genügend Zeit zum Nachquellen, kann man die Körner auch nur aufkochen und anschließend auf abgeschalteter Herdplatte mit geschlossenem Deckel entsprechend länger quellen lassen.
- Hirse, Quinoa und Amaranth haben eine sehr kurze Kochzeit und lassen sich schnell zubereiten. Auch Schrot und Grieß sind in kurzer Zeit gar.
- Vollreis nicht zu Kochbeginn salzen. Salz »verschließt« das Korn und verzögert das Weichwerden.
- Ein Körnergericht wird aromatisch, wenn man ein Lorbeerblatt oder eine mit Gewürznelken besteckte Zwiebel mitkocht. Frische Küchenkräuter erst am Schluss dazugeben. Für süße Rezeptvarianten (z. B. Milchreis) kann man dem Kochwasser eine aufgeschnittene Vanilleschote, eine Zimtstange oder ein Stück unbehandelte Zitronenschale beigeben.
- Gekochte, ungewürzte Körner bleiben zugedeckt im Kühlschrank mehrere Tage frisch oder lassen sich auch portionenweise tiefkühlen. Ideal für Berufstätige, die auf Vorrat kochen.
- Reste von gekochtem Getreide kann man am nächsten Tag sehr gut für weitere Rezepte verwenden: Polenta eignet sich z. B. als Pizzaboden (Seite 78), Hirsotto lässt sich zu Bratlingen formen und ausbraten (Seite 80) und Quinoa als Taboulé-Salat zubereiten (Seite 82).

BACKEN MIT GLUTENFREIEN MEHLMISCHUNGEN

Für die meisten Betroffenen bedeutet der Verzicht auf normales Brot die größte Umstellung. Gluten, der so genannte Kleber, sorgt für Zusammenhalt, Lockerung, Elastizität und Feuchtigkeit des Gebäcks. Deshalb wurden glutenfreie Spezialmehle zum Brot- oder Kuchenbacken entwickelt, die ähnliche Backeigenschaften wie Weizenmehl aufweisen.
Auch wenn der typische Geschmack und Duft eines Weizengebäcks nicht erreicht werden kann, lassen sich schmackhafte glutenfreie Brote und Backwaren herstellen.

Hauptzutaten und Zusätze in Mehlmischungen

Die Mehlmischungen bestehen hauptsächlich aus Maismehl, Mais-, Reis- und Kartoffelstärke. Der hohe Stärkeanteil beeinflusst die Backeigenschaft, weil die Stärke bei der Teigherstellung mehr Flüssigkeit aufnimmt und eine längere Quellzeit benötigt. Glutenfreie Backwaren verlieren im Vergleich zu herkömmlichen Weizenprodukten schneller ihre Feuchtigkeit, sodass ihre Haltbarkeit beschränkt ist.
Als Bindemittel dienen Guarkern-, Johannisbrotkernmehl und weitere Zusatzstoffe:

- Damit das Mehl dunkler wird, mischen Hersteller z. B. glutenfreies Kastanien-, Buchweizen- oder Teffmehl bei. Zusätze wie gemahlene Zuckerrübenfasern, Flohsamenschale (Psyllium) oder Apfelfasern machen Mehlmischungen nahrungsfaserreicher. Der Teig benötigt dadurch mehr Flüssigkeit, lässt sich aber besser bearbeiten. Die Backwaren bleiben länger frisch.
- Einige Mehlmischungen enthalten Milchzusätze. Diese angereicherten Spezialmehle besitzen häufig eine bessere Teigstabilität (Volumen, Poren-, Krustenbildung). Sie eignen sich aber nicht für Personen mit Milchzuckerunverträglichkeit.

- Es gibt Mehlmischungen, die »gereinigte« Weizenstärke enthalten. Sie haben einen Restgehalt von 2 Milligramm Gluten pro Kilogramm. Damit liegen sie deutlich unter dem maximalen Grenzwert von 20 Milligramm pro Kilogramm und erfüllen die Voraussetzungen für ein glutenfreies Produkt. Manche Zöliakiebetroffene reagieren jedoch bereits auf solche kleinsten Mengen und meiden deshalb diese Produkte.
- Heute sind auch fixfertige glutenfreie Brotmehl- und Pizzamehl-Mischungen erhältlich. Wenn es schnell gehen muss, kann man solche Mehlmischungen nur noch mit Wasser anrühren und nach Packungsanleitung fertig zubereiten. Das macht den glutenfreien Backalltag deutlich einfacher.

Spezialmehle mit unterschiedlichen Eigenschaften

Das Angebot an Spezialmischungen für die glutenfreie Küche ist groß und vielfältig (siehe Tabelle Seite 36/37). Jedes Mehl zeichnet sich durch besondere Merkmale aus. Während sich einige Produkte besonders gut für Kuchen eignen, empfehlen sich andere eher für Brote und Mehlspeisen wie Pfannkuchen oder Crêpes. Einige Mehlmischungen sind auch vielseitig einsetzbar.

Zu Beginn der Umstellung muss man sich an die Eigenarten glutenfreier Mehlmischungen und Mehle gewöhnen. Insbesondere lässt sich Hefeteig kaum kneten und klebt an den Händen. Stärkemehle binden zudem mehr Flüssigkeit als »normale« Mehle. Die Teigbearbeitung ist un-

Tipps und Tricks zum Backen

- Viele herkömmliche Rezepte mit geringem Mehlanteil (bis 100 g) lassen sich problemlos mit glutenfreien Mehlmischungen zubereiten, eventuell müssen Sie die Flüssigkeitsmenge anpassen.
- Es gibt auch viele mehlfreie Rezepte für Kuchen und Kleingebäck, die sich ideal für die glutenfreie Backstube eignen (z. B. Karottenkuchen, Kokosmakronen, Zimtsterne).
- Probieren Sie verschiedene Mehlmischungen aus, und finden Sie heraus, mit welchen Mischungen Sie die besten Backergebnisse erzielen. Lassen Sie sich nicht nach dem ersten misslungenen Resultat entmutigen! Übung macht bekanntlich den Meister.
- Glutenfreie Teige benötigen mehr Flüssigkeit als herkömmliche Teige.
- Achten Sie auf saubere Arbeitsflächen und Küchenhelfer (Teigrolle, Backblech, Teigschüssel), um jeglichen Kontakt mit glutenhaltigen (Weizen-)Mehlresten zu vermeiden.
- Verwenden Sie immer Backpapier für Ihre Backformen. Oft genügt gutes Einfetten nicht, und das Backgut bleibt in der Form kleben. Damit das Papier gut haftet und sich der Teig besser einfüllen lässt, fetten Sie auch bei Verwendung von Backpapier die Form leicht ein. Für das glutenfreie Backen eignen sich auch Backformen aus Silikon (siehe »Nützliche Küchenhelfer«, Seite 41).
- Die angegebenen Backzeiten und Backtemperaturen können leicht variieren, weil die Backöfen oft sehr unterschiedlich heizen. Stellen oder hängen Sie ein Backthermometer in Ihren Ofen und überprüfen Sie die Temperatur. Machen Sie gegen Ende der Backzeit eine Garprobe mit einem Zahnstocher oder dünnen Holzstäbchen.
- Beim Backen mit Umluft kann die Backzeit allenfalls kürzer sein.

gewohnt und anspruchsvoller. Selbst backerfahrene Personen benötigen eine gewisse Zeit für die Umstellung. Mit hilfreichen Tricks und etwas Übung lassen sich jedoch mit glutenfreiem Mehl köstliche Brote, Backwaren, Pizzateige u. a. zubereiten.

Nützliche Backtipps

Kuchen und Gebäck

- Süßer Mürbeteig, beispielsweise für einen Obstkuchen, lässt sich mit abgeriebener Zitronen- oder Orangenschale aromatisieren.
- Rollen Sie den Teig (z. B. Mürbeteig) zwischen zwei Lagen Backpapier aus, wenn er klebt. Mit dem unteren Papier direkt aufs Backblech legen. Hilfreich sind auch Silikonmatten, um ein Kleben beim Teigausrollen zu verhindern.
- Legen Sie Mürbe- oder Quarkteige nochmals in den Kühlschrank, wenn sie zu kleben beginnen. Weihnachtsgebäck (z. B. Buttergebäck wie Mailänderli) lässt sich mit Förmchen am besten ausstechen, wenn der ausgerollte Teig leicht angefroren ist.
- Eier helfen bei der Teigzubereitung und besitzen gute Backeigenschaften. Ein zusätzliches Eigelb bindet oftmals einen »schwierigen« Teig.
- Getrenntes Aufschlagen von Eigelb und Eiweiß (z. B. Rührteig auf Backpulverbasis) verbessert die Teiglockerung. Eischnee bringt mehr Volumen und sorgt für die nötige Teigstabilität (z. B Biskuitteig).
- Bei glutenfreien Kuchen, Muffins oder Kleingebäck ist die Backzeit in der Regel kürzer und die Backtemperatur eher tiefer als bei herkömmlichen Backwaren. Deshalb immer vor Ende der Backzeit eine Garprobe machen.

Wichtiger Hinweis

Praktische Erfahrungen zeigen, dass glutenfreie Mehlmischungen sich in ihrer Koch- und Backeigenschaft sehr unterscheiden. Die Tabelle auf Seite 36/37 gibt einen Überblick der gebräuchlichen glutenfreien Mehlmischungen. Deren Zusammensetzung kann jedoch ändern, beachten Sie deshalb die verbindlich gültige Zutatenliste auf der jeweiligen Produktepackung oder fragen Sie beim Hersteller oder Vertreiber nach. Die Mehlmischungen sind im Fach- und Detailhandel, in Supermärkten oder über Online-Shops erhältlich.

Im Handel findet man heute neben glutenfreien Basis-Mehlmischungen auch eine Vielzahl an fixfertigen Brot- und Backmischungen, die sich einfach und schnell anrühren und zu Brot, Zopf, Pizza, Kuchen und Gebäck verarbeiten lassen. Informieren Sie sich im Internet und bei den gängigen Anbietern glutenfreier Produkte.

Eigenschaften und Verwendungsmöglichkeiten glutenfreier Mehlmischungen

Mehlmischung	Verwendung für	Besondere Eigenschaften	Zusammensetzung/Zutaten
Schär Brot-Mix Mix B	Brot, Brötchen, Focaccia, Pizza, süßer und pikanter Hefeteig	für alle Hefeteigrezepte geeignet; mit Flohsamenschale (Psyllium), ohne Laktose	Maisstärke, Reismehl, pflanzliche Faser (Psyllium, Bambus), Vollreismehl 3,8 %, Linsenmehl 3,6 %, Dextrose, Verdickungsmittel: E464; Salz
Schär Brot-Mix dunkel, rustico	Brot, Brötchen, Focaccia, Pizza, pikanter Hefeteig	für alle Hefeteigrezepte geeignet; ohne Laktose	Maisstärke, Leinsamenmehl 12 %, Buchweizenmehl 8 %, Erbsenkleie, Reiskleie, Apfelfaser, Zucker, Verdickungsmittel: Guarkernmehl; Salz
Schär Kuchen & Kekse Mix C	Kuchen, Gebäck, Pfannkuchen, Crêpes	vielseitig einsetzbares Mehl für süße Backwaren; ohne Laktose	Maisstärke, Maismehl, Reismehl, Linsenmehl, modifizierte Tapiokastärke, Verdickungsmittel: Tarakernmehl
Schär Mehl Farine	Crêpes, Pfannkuchen, Gnocchi, Spätzle, Saucen, Eiernudeln	vielseitig einsetzbares Mehl, insbesondere für Mehlspeisen; ohne Laktose	Maisstärke, Reismehl, Maismehl, Verdickungsmehl: Guarkernmehl; Dextrose
Hammermühle Mehl-Mix hell	Kuchen, Gebäck, Brot, Zopf, Spätzle, Gnocchi, Crêpes, Pfannkuchen, Biskuitteig, süße und pikante Hefeteigrezepte	vielseitig einsetzbares Mehl für süße und pikante Backwaren; ohne Laktose	Kartoffelstärke, Maisstärke, Maismehl, Reismehl, Verdickungsmittel: Guarkernmehl
Hammermühle Mehl-Mix rustikal	dunkles Brot, Brötchen, Pizzateig, Öl-Quarkteig, Crêpes, Pfannkuchen	vielseitig einsetzbares Brot- und Pfannkuchenmehl; Zusatz von Kastanienmehl gibt den Backwaren eine dunklere Farbe und einen kräftigeren Geschmack; ohne Laktose	Maisstärke, Kartoffelstärke, Maismehl, Kastanienmehl, glutenfreier Trockensauerteig (Reismehlprodukte), Verdickungsmittel: Guarkernmehl
Bauckhof Mehl-Mix Kuchen (Bio-Qualität)	Kuchen, Gebäck, Rühr-, Mürbeteig, Biskuitteig, Crêpes	vielseitig einsetzbares Mehl für Kuchen- und Keksrezepturen	Maisstärke, Reismehl, Hirsevollkornmehl, Reisvollkornmehl, Verdickungsmittel: Johannisbrotkernmehl und Xanthan
Bauckhof Mehl-Mix Universal (Bio-Qualität)	Pfannkuchen, Pancakes, Kuchen, Waffeln, Kartoffelknödel, Pasta, helles Brot oder Brötchen	vielseitig einsetzbares Mehl für verschiedene Teigzubereitungen	Maisstärke, Reisvollkornmehl, Hirsevollkornmehl, Verdickungsmittel: Guarkernmehl

Mehlmischung	Verwendung für	Besondere Eigenschaften	Zusammensetzung/Zutaten
Finax glutenfreie Mehlmischung hell (Universalmehl)	Kuchen, Gebäck, Crêpes, Mürbeteig, Biskuitteig, helles Brot, süße und pikante Hefeteigrezepte	vielseitig einsetzbares Mehl; aufgrund Milchpulverzusatz bessere Bindefähigkeit und Backstabilität; mit Laktose	glutenfreie Weizenstärke (max. 2 mg Gluten/100 g), Magermilchpulver, Oligofructose, Verdickungsmittel: Guarkernmehl; Vitamine, Eisen
Finax grobe Mehlmischung	Brot, Brötchen, Pizza, Focaccia, süßer und und pikanter Hefeteig	für alle Hefeteigrezepte geeignet; mit Flohsamenschale (Psyllium), ohne Laktose	glutenfreie Weizenstärke (max. 2 mg Gluten/100 g), Buchweizenflocken, Rote-Bete-Flocken, Verdickungsmittel: Guarkernmehl; zerkleinerte Flohsamenschalen
Morga Zopfmehl-Mix (Bio-Qualität)	Zopf, Brot, Brötchen, Pizza, Focaccia, süße und pikante Hefeteigrezepte	für alle Hefeteigrezepte geeignet; mit Flohsamenschale (Psyllium), ohne Laktose	Reismehl, Maismehl, Flohsamenschalen gemahlen, Meersalz, Zucker
Morga Pizzateigmehl-Mix (Bio-Qualität)	Pizza, Zopf, Brötchen, Focaccia, süßer und pikanter Hefeteig	für alle Hefeteigrezepte geeignet; mit Flohsamenschale (Psyllium), mit glutenfreiem, zertifiziertem Hafer, ohne Laktose	Maisstärke, Reismehl, Hafervollkornmehl glutenfrei, getrockneter Sauerteig (Buchweizenmahlerzeugnisse), Verdickungsmittel: Guarkernmehl; Flohsamenschalen, Salz jodiert, Rohrzucker
Morga Vollkornbrotmehl-Mix (Bio-Qualität)	Brot, Brötchen, Pizza, Focaccia, süßer und pikanter Hefeteig	für alle Hefeteigrezepte geeignet; mit Flohsamenschale (Psyllium), mit glutenfreiem zertifiziertem Hafer, ohne Laktose	Reismehl, Maisstärke, Hafervollkornmehl glutenfrei, Hirsemehl, Buchweizenmehl, getrockneter Sauerteig (Buchweizen-Mahlerzeugnisse), Verdickungsmittel: Guarkernmehl; Flohsamenschalen, Salz jodiert
Zwicky Basis Mehlmischung	Brot, Brötchen, Pizza, Flammkuchen, Kuchen, Gebäck, Crêpes, Pfannkuchen, Spätzle, Gnocchi	vielseitig einsetzbares Mehl für Brot, süße und pikante Backwaren; ohne Laktose	Reismehl, Kartoffelstärke, Maisstärke, Buchweizenmehl, Maismehl, Traubenzucker, Verdickungsmittel: Guarkernmehl

Natürliche pflanzliche Verdickungs- und Bindemittel

E 410: Johannisbrotkernmehl
E 412: Guarkernmehl
E 415: Xanthan
E 417: Tarakernmehl
E 464: Hydroxypropylmethylcellulose

Hefebackwaren wie Brot- und Pizzateig

- Die verwendeten Zutaten müssen Zimmertemperatur haben.
- Lassen Sie den Teig in der Küchenmaschine kneten oder rühren. Das erleichtert die Arbeit und spart Zeit.
- Arbeiten Sie nie zu viel glutenfreies Mehl in einen feuchten Brotteig ein, sonst wird er beim Backen hart und trocken. Joghurt nature, Quark und Sauerrahm machen den Teig feuchter. Die Arbeitsfläche zum Kneten nur mit sehr wenig glutenfreiem Mehl oder Maisstärke bestäuben.
- Klebt der Teig, säubern und trocknen Sie Ihre Hände und allfällige Backutensilien (Teigschaber, Rührlöffel). Bestäuben Sie die Arbeitsunterlage (z. B. Silikonmatte), Ihre Hände und die Teigoberfläche mit sehr wenig glutenfreiem Mehl. Oft genügen auch einige Tropfen Öl, damit der Teig nicht klebt.
- Hefeteig (z. B. Pizzateig) auf ein Backpapier geben und eine Klarsichtfolie darüberlegen. So klebt der Teig nicht an der Teigrolle. Mit dem Papier direkt aufs Backblech ziehen.
- Damit der Hefeteig optimal aufgehen kann, die Schüssel mit dem Teig mit einem feuchten Geschirrtuch abdecken. An einem warmen Ort oder im vorgewärmten Backofen (ca. 45 Grad) gehen lassen. Glutenfreie Hefeteige brauchen in der Regel eine längere Gehzeit als herkömmliche Teige.
- Umluftöfen eignen sich zwar für das gleichzeitige Backen auf mehreren Etagen (z. B. für Weihnachtsgebäck), aber für glutenfreie Brote sind sie weniger empfehlenswert. Die zirkulierende Luft lässt den Hefeteig schneller austrocknen. Sorgen Sie für genügend Feuchtigkeit im Ofen (Gefäß mit Wasser). Der Römertopf mit Deckel ist eine ideale Backform, um glutenfreie Brote im Umluftofen zu backen.
- Ein feuerfestes Gefäß mit Wasser in den Backofen stellen; der Teig geht besser auf, das Backgut wird lockerer.
- Bestreichen Sie glutenfreies Hefegebäck (z. B. einen Zopf) immer mit einer fetthaltigen Substanz (Öl oder Eigelb). Es hält die Kruste elastisch und lässt sie besser bräunen.
- Das Brot nach dem Backen auf einen Rost oder ein Kuchengitter legen und auskühlen lassen.
- Backen Sie mehrere kleine Brötchen oder zwei kleine Brote statt ein großes Brot, und legen Sie nicht frisch verzehrtes Brot – in Scheiben geschnitten – portionenweise verpackt in den Tiefkühler.
- Tiefgekühlte Brotscheiben lassen sich im Toaster, Sandwichtoaster oder Mikrowellenofen aufbacken und erhalten so die gewohnte Frische und Knusprigkeit. Ganze, nicht ganz fertig gebackene Brote kann man auch im Ofen aufbacken.
- Glutenfreies Brot trocknet schnell aus. Damit es länger frisch bleibt, lagern Sie das Brot an einem kühlen Ort. Es lässt sich auch 1 bis 2 Tage in einer Frischhaltebox aus Plastik oder im Plastikbeutel im Kühlschrank aufbewahren.

Hinweis Flohsamenschalen (Psyllium)

Für die Bearbeitung von glutenfreiem Hefeteig helfen gemahlene Flohsamenschalen (Psyllium). Dieser nahrungfaserreiche Zusatz macht den Teig besser formbar und elastischer. Ein bis zwei Teelöffel auf 500 Gramm glutenfreies Mehl genügen. Achten Sie dabei darauf, dass der Hefeteig genügend feucht ist, denn Flohsamenschalen binden Flüssigkeit.

NÜTZLICHE KÜCHENHELFER

Glutenfreies Kochen und Backen stellt einige neue Anforderungen an die Zubereitung. Um die Umstellung auf glutenfreie Ernährung und den damit teils höheren Arbeitsaufwand zu erleichtern, können geeignete Küchengeräte sehr sinnvoll sein. Man sollte sich deshalb überlegen, welche Koch- und Backutensilien und Küchengeräte nötig sind und welche man ersetzen oder bei Bedarf neu dazukaufen soll. Ebenso lohnt es sich, speziell in der Anfangszeit, eine Putzaktion und Neuorganisation der eigenen Küche durchzuführen, um unerwünschte Verunreinigungen mit Gluten zu vermeiden. Reinigen Sie zum Beispiel Schränke, Schubladen, Backformen und Küchengeräte von allfälligem Mehlstaub oder Krümelchen von glutenhaltigen Produkten. Schenken Sie der strikten Trennung von Glutenhaltigem und Glutenfreiem und der Sauberkeit besondere Beachtung, vor allem wenn andere Familienmitglieder die Küche mitbenutzen und »normal« essen.

Hier die wichtigsten Küchenhelfer im Überblick:

Kochlöffel, Teigrolle, Schneidebretter & Co.

Stark benutzte Koch- und Backutensilien aus Holz, die bisher für Glutenhaltiges in Gebrauch waren, sollte man ersetzen. Feinster glutenhaltiger Mehlstaub setzt sich leicht in Ritzen fest. Schneidebretter aus Holz oder Kunststoff, aber auch Schüsseln, Töpfe, Teigrollen (Nudelhölzer), die übermäßig zerkratzt sind oder schadhafte Stellen aufweisen, lassen sich oftmals nicht mehr hundertprozentig reinigen. Es ist nicht nötig, die Küchenschränke komplett auszuräumen und alles neu zu kaufen. Prüfen Sie aber Ihre Koch- und Backutensilien und tauschen Sie sie, wenn nötig, gegen neues Küchenmaterial aus.

Digitalwaage

Beim Backen von glutenfreien Kuchen, Muffins und Gebäck müssen Zutaten genau abgewogen sein. Zu viel Mehl macht den Teig kompakt und nach dem Backen meist trocken. Ungefähres Abschätzen der Mengen oder die Verwendung von trockenen Zutaten (Mehl, Zucker, gemahlenen Nüssen) mit einem Messbecher ist nicht ratsam. Im Handel sind preisgünstige, platzsparende Modelle von Digitalwaagen erhältlich, teilweise mit verschiedenen Maßeinheiten (g, oz, ml, cups) für jene, die englische oder amerikanische Rezepte kochen oder backen möchten.

Küchenmaschine, Mixer & Co.

In vielen Haushalten finden sich große und kleine Küchengeräte, manche selten benutzt oder sogar überflüssig. Gut bedient ist man mit einem leistungsfähigen Handrührgerät und einem Stabmixer. Langfristig lohnt sich jedoch der Kauf einer guten Küchenmaschine mit nützlichem Zubehör. Sie ersetzt häufig viele kleine Einzelgeräte, die unnötig Platz brauchen. Besonders das Verarbeiten von glutenfreiem Teig ist von Hand schwierig. Mit speziellen robusten Knet- und Rührhaken lassen sich Brot- und Kuchenteige rasch und gründlich kneten beziehungsweise rühren. Das spart Zeit und Arbeit.

Einige Kombi-Küchenmaschinen bieten zusätzlich ein integriertes Induktionskochfeld und Timer-Programm an. Diese Geräte erleichtern die Zubereitung von Gerichten dank ihrer vielseitigen Möglichkeiten von gleichzeitigem Rühren und Kochen.

Worauf ist beim Kauf einer Küchenmaschine zu achten?

- leistungsfähiger Motor und robustes Gehäuse
- viel zweckmäßiges und stabiles Zubehör (Mahl-, Flocken-, Raffel-, Pürieraufsatz u. a.)
- einfache Handhabung und schnelle Reinigung
- verschiedene Geschwindigkeitseinstellungen, geräuscharm

KitchenAid Artisan KSM200

Toaster & Toastbeutel

Ein Toaster (nur für glutenfreies Brot) ist fast unverzichtbar. Glutenfreies Brot wird schnell trocken, deshalb empfiehlt es sich, einen Teil des frisch gebackenen Brots in Scheiben zu schneiden und tiefzukühlen. Bei Bedarf lassen sich die Scheiben im Toaster schön knusprig aufbacken. Ein Toastermodell mit Auftaufunktion kann hilfreich sein. Für unterwegs sind hitzebeständige, wiederverwendbare Folienbeutel sehr nützlich. Darin verpackt, kann man seine Brotscheiben auch auswärts im Hotel am Frühstücksbüffet toasten lassen. Solche speziellen »Toast-Bags« finden sich inzwischen in vielen Haushaltsabteilungen.

Brotbackautomat

Eine praktische Erfindung für alle, die wenig Zeit fürs Brotbacken haben, aber trotzdem nicht auf frisch gebackenes Brot verzichten wollen. Die kleinen Heimautomaten für allerlei Hefeteige sind zweifellos nützliche Küchenhilfen. Man kann damit Teig kneten, aufgehen lassen und anschließend backen. Die Bedienung ist einfach: Die gewünschten Zutaten in der angegebenen Reihenfolge in den Backbehälter geben und das entsprechende Programm starten. Viele Modelle verfügen über ein Timer-Programm, das erlaubt, abends alles vorzubereiten und zum Frühstück frisch gebackenes Brot zu genießen.

Worauf ist beim Kauf zu achten?

- leistungsfähiger Motor
- robuste Knetschaufeln
- einfache Handhabung und Reinigung
- Sichtfernster
- evtl. Timer-Programm oder Spezialprogramm für glutenfreies Brot

Getreidemühle

Für Familien und Personen, die viel und gerne kochen und backen, kann eine eigene Getreidemühle von Vorteil sein. Viele Reformfachgeschäfte bieten einen Getreidemahlservice an, aber in der Regel ohne strikte Trennung von glutenhaltigen und glutenfreien Körnern. Um eine mögliche und unerwünschte Verunreinigung mit Gluten zu vermeiden, wird deshalb dringend davon abgeraten. Mit der eigenen Mühle können Sie jederzeit kleinere Mengen Buchweizen, Quinoa, Hirse oder Reis nach Bedarf frisch schroten oder mahlen. Frisch gemahlene Körner und Mehle sind geschmacksintensiver und nährstoffreicher als gekaufte Mehlprodukte, die nur beschränkt haltbar sind.

In der Regel verwenden die Hersteller glutenhaltiges Getreide, meist Weizen, um das Mahlwerk zu prüfen und die Mahlfeinheit zu justieren. Deshalb empfiehlt es sich, vor dem ersten Gebrauch zuerst zwei Kilogramm Reis durchzumahlen und anschließend zu entsorgen. Auf Wunsch und Vorbestellung bieten einige Hersteller jedoch an, ihre Getreidemühlen mit glutenfreiem Getreide »einzumahlen«.

Worauf ist beim Kauf zu achten?

- leistungsfähiger Motor
- sehr gute Mahlfeinheit auf kleinster Stufe
- kompakt und platzsparend
- geräuscharm (Holzgehäuse dämpft Motorgeräusch)
- handliche und praktische Bedienung

Falls Sie bereits eine leistungsstarke Küchenmaschine besitzen und als Zubehör einen speziellen Mahlaufsatz dazu kaufen können, ist die Anschaffung einer separaten Getreidemühle nicht unbedingt nötig.

Küchengeräte sind praktisch und ersparen viel Handarbeit, aber sie brauchen den nötigen Platz in der Küche. Im Keller verstautes Küchenmaterial benutzt man selten. Überlegen Sie sich, was Sie tatsächlich brauchen und welche Küchenhelfer Ihnen das Kochen und Backen im Alltag erleichtern.

Schnitzer Cerealo 125

Backformen & Co. aus Silikon

Glutenfreies Backen hat seine Tücken. Trotz großzügigem Einfetten der Backform kann es passieren, dass das Backgut beim Herausnehmen entweder kleben bleibt oder sogar auseinanderbricht. Deshalb sollte man Backformen immer mit Backpapier auslegen oder Formen aus antihaftendem Silikonmaterial verwenden. Die flexiblen Silikonformen eignen sich für den Tiefkühler und den Backofen, aber nicht für die Grillfunktion oder die Mikrowelle. Fachleute empfehlen, die Silikonbackformen vor dem ersten Gebrauch zu waschen, leer für eine Stunde bei 200 Grad in den Ofen zu stellen und anschließend nochmals auszuwaschen.

Silikonformen sind in unzähligen, verschiedenen Farben und Formen, z. B. für Gugelhopf, Kuchen, Muffins, erhältlich.

Sehr nützlich und aus der glutenfreien Backstube kaum mehr wegzudenken ist eine Arbeitsunterlage aus Silikon. Solche Silikonmatten (mind. 40 x 60 cm) sind speziell fürs Ausrollen und Formen von Hefe- und Mürbeteigen äußerst praktisch. Dank der Antihaftwirkung bleibt der glutenfreie Teig nicht kleben. Die Silikonmatte lässt sich auch für eine gewünschte Backform, zum Beispiel ein Back- oder Kuchenblech, zuschneiden und ist so als Dauerbackmatte (statt Backpapier) immer wieder verwendbar.

Silikonformen und Silikonmatten sind in Online-Shops, Haushaltsabteilungen und im Fachgeschäft erhältlich.

Vorteile auf einen Blick:

- hitzebeständig und kälteresistent von -30 bis +230 Grad
- antihaftend, formbeständig und reißfest (aber nicht schnittfest!)
- leichte Reinigung
- faltbar und Platz sparend

WICHTIGE HINWEISE ZU DEN REZEPTEN

Glutenfreie Mehlmischungen besitzen unterschiedliche Back- und Kocheigenschaften (siehe Mehl-Tabelle Seite 36/37). Aus diesem Grund sind bei allen Rezepten die verwendeten glutenfreien Mehlprodukte namentlich konkret erwähnt, mit denen das jeweilige Rezept erfolgreich getestet wurde. Dies bedeutet nicht, dass eine andere glutenfreie Mehlmischung nicht auch ein gutes Resultat ergibt. Es steht jedem Anwender und jeder Anwenderin frei, die Rezepte mit anderen glutenfreien Mehlmischungen auszuprobieren und bei Bedarf die Rezeptur anzupassen.

Bei einer Milchzuckerunverträglichkeit lassen sich die verwendeten Milchprodukte wie Milch, Quark, Rahm (Sahne) u. a. durch laktosefreie Milchprodukte problemlos ersetzen. Kommen weitere Unverträglichkeiten dazu, helfen anerkannte Ernährungsfachpersonen weiter, wie Betroffene die glutenfreien Rezepte entsprechend anpassen können.

Aufgepasst: Gluten-Stolperfallen

Viele Grundnahrungsmittel wie Mais, Reis, Hirse, Buchweizen sind von Natur aus glutenfrei. Eine Kontamination lässt sich jedoch nicht immer vollständig ausschließen. Beispielsweise, wenn Hersteller eine Produktionsstraße sowohl für glutenhaltige als auch für glutenfreie Lebensmittel benutzen oder wenn glutenhaltige Rohstoffe beim Transport mit glutenfreien Rohstoffen in Berührung kommen können.

Es gibt auch Produkte, die man problemlos glutenfrei herstellen kann. So zum Beispiel Backpulver mit Reis- oder Maisstärke. Trotzdem findet man im Handel – wenn auch selten – noch Backpulver mit glutenhaltiger Weizenstärke. Lesen Sie deshalb immer die Zutatenliste.

Aus diesem Grund sind folgende Zutaten, welche in diesem Kochbuch Verwendung finden, mit einem kleinen Lupen-Symbol gekennzeichnet. Diese Kennzeichnung soll darauf aufmerksam machen, das verwendete Produkt »unter die Lupe zu nehmen«, um sicher zu stellen, dass es tatsächlich glutenfrei ist:

- Hirseflocken, Hirsemehl
- feiner und grober Maisgrieß (Polenta, Bramata), Maismehl
- Reismehl
- Buchweizenmehl
- Quinoa und Amaranth, gepufft
- Kastanienmehl
- (Gemüse-)Bouillon
- Backpulver
- Schokolade, Schokoladen-Kuchenglasur
- Marzipan

Reismehl ist in der Regel unproblematisch, da es in den Ursprungsländern hergestellt und abgefüllt wird. Auch Quinoa- und Amaranthkörner gelten als sicher, trotzdem empfiehlt es sich, Quinoa- und Amaranthprodukte wie Mehl, Flocken sowie in gepuffter Form von Anbietern zu kaufen, welche die Glutenfreiheit garantieren können.

Achten Sie deshalb immer auf das »Glutenfrei-Symbol« und/oder die Bezeichnung »glutenfrei« auf der Verpackung. Teilweise findet sich auf Produkten der Hinweis »Kann Gluten enthalten« oder »Kann Spuren von Gluten enthalten«. Während Buchweizenmehl mit einem solchen Hinweis in jedem Fall zu meiden ist, stellt eine Schokolade mit dem gleichen Hinweis wahrscheinlich ein relativ geringes Risiko dar. Personen, die von sich wissen, dass sie auf kleinste Mengen Gluten reagieren, sollten vorsichtshalber Produkte mit diesem Hinweis meiden.

Brot, Fladen, Pizza & Co.: Pikantes und Süßes aus Hefeteig

GRUNDREZEPTE FÜR PIZZATEIG

Pizzateig lässt sich auf einfache Weise selber zubereiten. Dazu empfehlen sich Mehle, die sich speziell für Brot- und Hefeteige eignen (siehe auch Mehltabelle Seite 36/37). Auf deren Verpackung finden sich häufig auch Grundrezepte für Pizzateig. Probieren Sie diese Rezepturen aus und passen Sie sie nach Bedarf leicht an. Einzelne Hersteller bieten spezielle Pizza-Mehlmischungen an, z. B. Hammermühle, Bauckhof, Morga.
Im Handel gibt es auch glutenfreie Pizza-Fertigteige, frisch oder tiefgekühlt. Sie sind zwar mit einem selbst zubereiteten Pizzateig nicht vergleichbar, wenn es aber eilt, sind solche Fertigteige ideal.

Selbst zubereitete Pizzateige lassen sich gut tiefkühlen. Dafür den Teig auf die gewünschte Größe ausrollen, etwa 5 Minuten vorbacken und ausgekühlt in einem Plastikbeutel gut verpackt in den Tiefkühler legen. Bei Bedarf den Teig mit den gewünschten Zutaten belegen und im vorgeheizten Backofen fertig backen.

SCHÄR BROT-MIX

300 g glutenfreie Brotmehlmischung
(Schär Brot-Mix)
½ TL Salz
20 g Frischhefe
250 ml lauwarmes Wasser
2 EL kaltgepresstes Olivenöl

1. Mehl und Salz in einer großen Schüssel gut vermischen. In der Mitte eine Mulde formen. Das Wasser mit der Hefe gut verrühren und in die Mulde gießen. Alles leicht vermengen und das Olivenöl beifügen.
2. Mit den Knethaken eines Handrührgerätes oder mit Hilfe der Küchenmaschine gründlich zu einem Teig kneten.
3. Mit einem feuchten Tuch zudecken und an einem warmen Ort auf das doppelte Volumen aufgehen lassen.

MORGA PIZZATEIGMEHL-MIX

300 g glutenfreie Mehlmischung
(Morga Pizzateigmehl-Mix)
½ TL Salz
knapp 300 ml lauwarmes Wasser
25 g Frischhefe
2 EL kaltgepresstes Olivenöl

1. Mehl und Salz in einer großen Schüssel gut mischen. In der Mitte eine Mulde formen.
2. Das Wasser mit der Hefe gut verrühren und in die Mulde gießen. Alles leicht vermengen und das Olivenöl beifügen.
3. Mit der Küchenmaschine oder mit dem Handrührgerät gründlich zu einem Teig kneten. Mit einem feuchten Tuch zudecken und an einem warmen Ort auf das doppelte Volumen aufgehen lassen.

HAMMERMÜHLE MEHL-MIX UND MEHL-MIX RUSTIKAL

150 g glutenfreies Mehl
(Hammermühle Mehl-Mix hell)
150 g glutenfreies Mehl
(Hammermühle Mehl-Mix rustikal)
½ TL Salz
150 ml lauwarmes Wasser
½ TL Zucker
25 g Frischhefe
2 EL kaltgepresstes Olivenöl

1. Die beiden Mehlmischungen und das Salz in einer großen Schüssel gut vermischen. In der Mitte eine Mulde formen. Das Wasser mit dem Zucker gut verrühren, die Hefe darin auflösen und in die Mulde gießen. Alles leicht vermengen und das Olivenöl beifügen.

2. Mit den Knethaken eines Handrührgerätes oder mit Hilfe der Küchenmaschine gründlich zu einem Teig kneten.
3. Mit einem feuchten Tuch zudecken und an einem warmen Ort auf das doppelte Volumen aufgehen lassen.

ZWICKY BASIS MEHLMISCHUNG

300 g glutenfreie Mehlmischung (Zwicky Basis Mehlmischung)
1 TL Salz
1 Päckchen Trockenhefe
220–250 ml lauwarmes Wasser
1 EL kaltgepresstes Olivenöl

1. Mehl, Salz und Hefe in einer großen Schüssel gut vermischen. Alles leicht vermengen und das Olivenöl beifügen.
2. Mit den Knethaken eines Handrührgerätes oder mit Hilfe der Küchenmaschine gründlich zu einem Teig kneten. Mit einem feuchten Tuch zudecken und an einem warmen Ort auf das doppelte Volumen aufgehen lassen.

Fertigstellen und Backen

Den Teig auf ein Backpapier geben, einige Tropfen Olivenöl darüber verstreichen. Damit der Teig nicht klebt, eine Klarsichtfolie darüberlegen. Den Teig mit der Teigrolle dünn ausrollen. Mit dem Backpapier auf ein großes Blech ziehen.

Mit einer (selbst gemachten) Tomatensauce bestreichen, großzügig mit Pizzakräutern wie Basilikum, Oregano und/oder mit Salz und Pfeffer würzen.

Nach Belieben mit verschiedenen glutenfreien Zutaten belegen, z. B. (Roh-)Schinken, Salami, Champignonscheiben, in Streifen geschnittene Peperoni (Paprika), Zucchinischeibchen, Artischockenböden, Ananaswürfelchen, Zwiebelringe u. a.

Nach Bedarf nochmals würzen, mit Mozzarella belegen und am Schluss einige Tropfen Olivenöl darüberträufeln.

Im vorgeheizten Backofen mit Ober- und Unterhitze bei 200 Grad etwa 15 bis 20 Minuten backen. Die Backzeit hängt von der Teigdicke und des Belags ab. Die letzten 5 Minuten auf der untersten Schiene backen, damit der Teigboden schön knusprig wird.

Hinweis
Wenn es schnell gehen muss, kann man auf eine glutenfreie Pizza-Fertigmehlmischung zurückgreifen (z. B. von Bauckhof). Diese enthält bereits alle Zutaten und muss nur noch angerührt werden.

PIZZA ALLA NONNA

1 Portion Grundrezept Pizzateig

Belag:
1 Zwiebel
1 Knoblauchzehe
1 gelbe Peperoni (Paprika)
150 g Champignons
2 Scheiben Schinken
1 Handvoll entsteinte schwarze Oliven
2 EL kaltgepresstes Olivenöl
wenig Gemüsebouillon
2–3 EL Tomatensauce
3 EL getrocknete Pizza-Kräutermischung
150 g Mozzarella
Pfeffer aus der Mühle
Meersalz

1. Den Pizzateig nach Grundrezept zubereiten.
2. Die Zwiebel schälen, in feine Ringe schneiden. Die Knoblauchzehe schälen, fein hacken. Die Peperoni halbieren, entkernen und in Streifen schneiden. Die Champignons putzen und in feine Scheiben schneiden. Den Schinken in Streifen schneiden.
3. Den Pizzateig zwischen zwei Lagen Backpapier oder auf einer mit glutenfreiem Mehl bestäubten Unterlage auf die gewünschte Backblechgröße ausrollen.
4. Den Backofen auf 200 Grad vorheizen.
5. Den Teig mit der Tomatensauce bestreichen, großzügig mit der Kräutermischung bestreuen und leicht mit Pfeffer und Salz würzen. Zwiebelringe, Knoblauch, Champignons, Peperoni, Schinken und Oliven auf dem Teig verteilen. Den Mozzarella vierteln, in feine Scheiben schneiden und über die Pizza verteilen. Mit wenig Olivenöl beträufeln.
6. Im vorgeheizten Backofen bei 200 Grad etwa 15 Minuten backen.

Tipps
Je nach verwendetem Pizzateig-Grundrezept muss die Zutatenmenge für den Belag angepasst werden.

Frisches, fein geschnittenes Basilikum auf die fertig gebackene Pizza verteilen.

Pizza-Varianten
Neben den Grundzutaten Tomatensauce und Mozzarella weitere Ideen für einen Pizza-Belag:

- Pizza ai Funghi: Champignons, Steinpilze, Zwiebeln
- Pizza Hawaii: Schinken und Ananaswürfelchen
- Pizza Fiorentina: Spinat, Knoblauch und Champignons
- Pizza Parma e Rucola: Parmaschinken, Rucola*
- Pizza Diavolo: scharfe Salami, Peperoni (Paprika), Knoblauch
- Pizza Quattro Stagioni: Schinken, Salami, Champignons, Artischocken
- Pizza Vegetariana: gegrillte Zucchini und Peperoni (Paprika), Ziegenkäse
- Pizza Pesto: frische Tomaten, Basilikumpesto, Büffelmozzarella*
- Pizza Rustico: Speck, Salami, Peperoni (Paprika), Zwiebeln
- Pizza Siciliana: Thon, Sardellen, Kapern
- Pizza Greco: Feta, Auberginen, Oliven
- Pizza Mediterranea: Lachs, Crevetten, Oregano
- Pizza Pizzaiolo: Steinpilze, Rohschinken, Oliven
- Pizza Gamberoni: Riesencrevetten, Spinat, Knoblauch
- Pizza Melanzane: Auberginen, Peperoncini, Rucola*, Parmesanspäne*

* erst nach dem Backen auf der Pizza verteilen.

ELSÄSSER FLAMMKUCHEN

Hefeteig:
400 g glutenfreie Mehlmischung
(Schär Brot-Mix oder Zwicky Basis Mehlmischung oder Morga Zopfmehl-Mix oder je zur Hälfte Hammermühle Mehl-Mix hell und Hammermühle Mehl-Mix rustikal)
1 TL Salz
30 g Frischhefe
ca. 325 ml warmes Wasser
3 EL kaltgepresstes Olivenöl

Belag:
2 mittelgroße Zwiebeln
120 g magere Speckwürfelchen
1 EL kaltgepresstes Olivenöl
300 g Sauerrahm
Pfeffer aus der Mühle
frisch geriebene Muskatnuss

1. Das Mehl und das Salz in einer großen Schüssel mischen. Die Hefe im Wasser auflösen und mit dem Olivenöl beifügen. Mit Hilfe der Küchenmaschine oder den Knethaken eines Handrührgerätes gründlich zu einem Teig kneten. Mit einem feuchten Tuch zudecken und an einem warmen Ort auf das doppelte Volumen aufgehen lassen.
2. Die Zwiebeln schälen und in feine Streifen schneiden. Zusammen mit den Speckwürfelchen im Olivenöl andünsten. Auskühlen lassen.
3. Den Backofen auf 200 Grad vorheizen. Den Teig auf ein Backpapier geben, etwas flach drücken und einige Tropfen Olivenöl darüber verstreichen. Damit der Teig nicht klebt, ein zweites Backpapier oder eine Klarsichtfolie darüberlegen und den Teig dünn ausrollen. Mit dem Papier auf ein großes Backblech ziehen.
4. Den Teig mit Sauerrahm gleichmäßig bestreichen. Die Zwiebeln und die Speckwürfelchen darüber verteilen. Mit Pfeffer und Muskatnuss würzen.
5. Im vorgeheizten Backofen etwa 15 Minuten backen.

Tipps und Varianten

- Dazu passt ein frischer Saisonsalat.
- Sauerrahm und Speck durch Quark und Rohschinkenwürfelchen ersetzen.
- Den Flammkuchen in kleine Stücke schneiden und als kleine Häppchen zum Aperitif servieren.

GEFÜLLTES FLADENBROT

Calzone

Teig:
250 g glutenfreie Mehlmischung (Schär Brot-Mix oder Morga Pizzateigmehl-Mix)
½ TL Salz
ca. 150 ml lauwarmes Wasser
20 g Frischhefe
1 EL kaltgepresstes Olivenöl

Füllung:
100 g dünne Schinkenscheiben
2 Tomaten
Kräutersalz
Pfeffer aus der Mühle
einige Basilikumblätter
100 g Mozzarella

kaltgepresstes Olivenöl zum Bestreichen

1. Das Mehl und das Salz in einer Schüssel mischen. In der Mitte eine Mulde formen und das Wasser hineingießen. Die Hefe zerbröckeln und im Wasser verrühren. Kurz zu einem Teig rühren und am Schluss das Olivenöl beifügen.
2. Den Teig mit der Küchenmaschine oder dem Handrührgerät gründlich kneten. Auf einer leicht bemehlten Arbeitsfläche zwei gleich große dünne Fladen ausrollen und auf ein großes mit Backpapier belegtes Backblech legen. An einem warmen Ort auf das doppelte Volumen aufgehen lassen.
3. Den einen Fladen mit dem Schinken belegen. Den Stielansatz der Tomaten herausschneiden, die Tomaten in dünne Scheiben schneiden und auf den Schinken legen. Mit Salz und Pfeffer würzen. Die Basilikumblätter fein schneiden und darüber verteilen. Am Schluss mit fein geschnittenem Mozzarella bedecken.
4. Den zweiten Fladen darüberlegen und die Ränder gut andrücken. Mit einer Gabel mehrmals einstechen. Nochmals 20 Minuten gehen lassen.
5. Den Backofen auf 200 Grad vorheizen.
6. Den gefüllten Teigfladen mit Olivenöl bestreichen und im vorgeheizten Backofen etwa 20 Minuten backen.

Tipp

Statt frischem Basilikum kann man auch eine getrocknete Kräutermischung (z. B. für Pizza oder Tomatensauce) verwenden.

Variante

Das gefüllte Fladenbrot ist der italienischen Calzone nachempfunden. Für eine vegetarische Variante kann man den Schinken durch Champignons, Spinat oder durch beliebige andere Zutaten ersetzen.

SPECKGUGELHOPF

500 g glutenfreie Mehlmischung
(Schär Brot-Mix oder Morga Zopfmehl-Mix)
1 TL Salz
250–300 ml Milch
180 g Sauerrahm
42 g Frischhefe
250 g magere Speckwürfelchen
150 g flüssige Butter
4 EL grob gehackte Baumnüsse (Walnusskerne)

1. Die beiden Mehle und das Salz in einer Schüssel mischen. In der Mitte eine Mulde formen. Die Milch und den Sauerrahm leicht erwärmen und in die Mulde gießen. Die Hefe zerbröckeln, dazugeben und leicht vermengen.
2. Die Speckwürfelchen in einer Bratpfanne ohne Fettzugabe kurz rösten und auf Haushaltpapier abtrocknen lassen. Mit der flüssigen Butter zum Teig geben. Die gehackten Nüsse beifügen. Alles zu einem Teig mischen.
3. Den Teig mit der Küchenmaschine oder dem Handrührgerät gründlich kneten.
4. Eine Gugelhopfform (2 Liter Inhalt) gut einfetten. Die Teigmasse einfüllen und mit einem feuchten Tuch zudecken. An einem warmen Ort auf das doppelte Volumen aufgehen lassen.
5. Den Backofen auf 200 Grad vorheizen.
6. Den Gugelhopf auf der untersten Rille des vorgeheizten Backofens etwa 50 Minuten backen.

Variante

Für einen vegetarischen pikanten Gugelhopf ersetzt man die Speckwürfelchen und Nüsse durch schwarze Oliven und in Olivenöl eingelegte Dörrtomaten. Diese werden kleingeschnitten und direkt unter den Teig gemischt.

Hinweis

Man kann auch je 250 g Hammermühle Mehl-Mix hell und Hammermühle Mehl-Mix rustikal verwenden. Das Hammermühle Mehl-Mix rustikal gibt aufgrund seines Anteils an Kastanienmehl dem Gebäck eine etwas dunklere Farbe.

FLADENBROT MIT ROSMARIN

250 g glutenfreie Mehlmischung
(Schär Brot-Mix oder Zwicky Basis Mehlmischung)
½ TL Salz
20 g Frischhefe
150 ml lauwarmes Wasser
1 EL kaltgepresstes Olivenöl

1 EL kaltgepresstes Olivenöl zum Bestreichen
grobe Salzkörner
1–2 Zweiglein Rosmarin

1. Das Mehl mit dem Salz in einer Schüssel mischen und in der Mitte eine Mulde formen. Die Hefe mit etwas Wasser verrühren, das restliche Wasser darunterrühren und in die Mulde gießen. Alles kurz zu einem Teig vermengen und am Schluss das Olivenöl beifügen.
2. Ein großes Backblech mit Backpapier belegen.
3. Den Teig mit der Küchenmaschine oder dem Handrührgerät gründlich kneten. Zwischen zwei Lagen Backpapier zu ein bis zwei dünnen Fladen ausrollen und diese auf das Bachblech legen. An einem warmen Ort auf das doppelte Volumen aufgehen lassen.
4. Den Backofen auf 200 Grad vorheizen.
5. Die Fladen nochmals mit Olivenöl bestreichen und mit grobem Salz und/oder gehackten Rosmarinnadeln bestreuen.
6. Im vorgeheizten Backofen bei 200 Grad etwa 20 bis 25 Minuten backen.

Varianten

Getrocknete oder in Öl eingelegte Tomaten klein schneiden und unter den Teig mischen. Nach Belieben kann man das Fladenbrot auch nur mit Reibkäse bestreuen.

Tipp

Passt zu frischem Saisonsalat oder zum Aperitif.

Speckgugelhopf

FRANZÖSISCHES ZWIEBEL-SPECK-BROT

400 g glutenfreie Mehlmischung (Hammermühle Mehl-Mix rustikal oder Zwicky Basis Mehlmischung oder Schär Brot-Mix oder Morga Pizzateigmehl-Mix)
1 TL Salz
1 EL Kümmel
20 g Frischhefe
200 ml lauwarmes Wasser
200 g Zwiebeln
1 EL kaltgepresstes Olivenöl
50 g magere Speckwürfelchen
180 g Sauerrahm
2 Eier

1. Das Mehl mit Salz und Kümmel in einer großen Schüssel gut mischen. In der Mitte eine Mulde formen.
2. Die Hefe in etwas lauwarmem Wasser gut verrühren, das restliche Wasser beifügen. In die Mulde gießen und mit dem Mehl leicht vermengen.
3. Die Zwiebeln schälen und fein hacken. Das Olivenöl erhitzen, die Zwiebeln darin andünsten, dann die Speckwürfelchen dazugeben und unter Rühren kurz anbraten, etwas auskühlen lassen. Zusammen mit dem Sauerrahm und den Eiern zum Teig geben.
4. Mit der Küchenmaschine oder dem Handrührgerät gründlich zu einem Teig kneten. Mit einem feuchten Tuch zudecken und an einem warmen Ort auf das doppelte Volumen aufgehen lassen.
5. Den Backofen auf 200 Grad vorheizen.
6. Eine große, längliche Backform leicht einfetten und mit Backpapier auslegen. Den Teig in die Form geben und im vorgeheizten Backofen rund 60 Minuten backen. Noch lauwarm servieren.

Gemüse-Variante

Die Speckwürfelchen durch 100 g kleine Karottenwürfelchen ersetzen. Diese zusammen mit den Zwiebeln dünsten und zusätzlich gehackte Petersilie unter den Teig mischen.

GEMÜSEBROT

500 g glutenfreie Mehlmischung (Zwicky Basis Mehlmischung oder Morga Zopfmehl-Mix oder Schär Brot-Mix)
2 TL Salz
25 g Frischhefe
300–400 ml lauwarmes Wasser
1 kleine Karotte
½ rote oder gelbe Peperoni (Paprika)
1 EL kaltgepresstes Olivenöl

Olivenöl zum Bestreichen

1. Das Mehl und das Salz in einer großen Schüssel mischen, in der Mitte eine Mulde formen. Die Hefe mit der Hälfte des lauwarmen Wassers verrühren, das restliche Wasser dazugießen und in die Mehlmulde gießen.
2. Die Peperoni halbieren, entkernen und in sehr kleine Würfelchen schneiden. Die Karotte schälen und fein reiben. Zusammen mit den Peperoniwürfelchen und dem Olivenöl zum Mehl geben.
3. Mit der Küchenmaschine oder dem Handrührgerät gründlich kneten.
4. Den Backofen auf 50 Grad vorwärmen.
5. Eine längliche Kuchenform (28 cm) mit Backpapier auslegen. Den Teig hineingeben und in den vorgewärmten Backofen stellen. Den Teig aufgehen lassen, bis er den oberen Rand der Backform erreicht. Den Teig mit etwas Olivenöl bestreichen.
6. Die Backofentemperatur auf 180 Grad erhöhen und das Brot rund 50 Minuten backen.

Varianten

Das Gemüse kann man nach Belieben variieren, z. B. fein geriebener Zucchino oder Kürbis, fein gehackte und gedünstete Zwiebeln, Lauchstreifen oder Pilze sowie gehackte Kräuter.

NUSSBROT

500 g glutenfreie Mehlmischung
(Zwicky Basis Mehlmischung
oder Schär Brot-Mix)
2 TL Salz
25 g Frischhefe
350 ml lauwarmes Wasser
150 g Baumnusskerne (Walnusskerne)

1. Das Mehl und das Salz in einer großen Schüssel mischen, in der Mitte eine Mulde formen.
2. Die Hefe mit 100 ml lauwarmem Wasser gut verrühren, das restliche Wasser beifügen und in die Mulde gießen.
3. Die Nüsse grob hacken und zum Teig geben.
4. Den Backofen auf 50 Grad vorheizen.
5. Den Teig mit der Küchenmaschine oder dem Handrührgerät gründlich kneten.
6. Eine längliche Kuchenform (32 cm) leicht einfetten und mit Backpapier auslegen. Den Teig gleichmäßig hineingeben und im vorgewärmten Backofen aufgehen lassen.
7. Sobald der Teig den oberen Rand der Backform erreicht hat, die Temperatur auf 200 Grad erhöhen und das Brot rund 50 Minuten fertig backen.

Tipps

Zum Backen eine mit Wasser gefüllte feuerfeste Form auf der untersten Rille des Backofens einschieben. Die Feuchtigkeit sorgt für ein optimales Backresultat des Hefeteigs.

Oder man gibt gelegentlich einige Sprühstöße Wasser mit einem Wasserspritzer in den Backofen.

KNUSPERBRÖTCHEN

500 g glutenfreie Mehlmischung
(Hammermühle Mehl-Mix rustikal oder Zwicky
Basis Mehlmischung oder Schär Brot-Mix
oder Morga Vollkornbrotmehl-Mix)
100 g Hirseflocken (Bauckhof, Morga)
1 TL Salz
2 EL Leinsamen
2 EL Sesamsamen
2 EL Sonnenblumenkerne
400 ml Wasser
30 g Frischhefe
1 TL Zucker
1 Eigelb

1. Mehl, Hirseflocken und Salz in einer großen Schüssel mischen. Leinsamen, Sesamsamen und Sonnenblumenkerne darunter mengen. In der Mitte eine Mulde formen.
2. Das Wasser in die Mulde gießen. Die Hefe zerbröckeln und mit dem Zucker im Wasser gut auflösen und verrühren.
3. Mit der Küchenmaschine oder dem Handrührgerät zu einem Teig kneten. Zugedeckt an einem warmen Ort auf das doppelte Volumen aufgehen lassen.
4. Den Teig nochmals durchkneten und Brötchen formen. Auf ein großes, mit Backpapier belegtes Blech geben und nochmals 10 bis 15 Minuten gehen lassen.
5. Den Backofen auf 200 Grad vorheizen.
6. Die Brötchen mit Eigelb bestreichen und im vorgeheizten Backofen etwa 20 bis 25 Minuten backen.

PARTYBROT

250 g glutenfreie Mehlmischung (Schär Mix it dunkel oder Zwicky Basis Mehlmischung)
150 g glutenfreie Mehlmischung (Morga Zopfmehl-Mix oder Hammermühle Mehl-Mix hell)
¾ TL Salz
je 2 EL Sesam, Leinsamen und Sonnenblumenkerne
30 g Frischhefe
ca. 500 ml lauwarmes Wasser

1 Eigelb zum Bestreichen
Sesam, Leinsamen und Sonnenblumenkerne zum Bestreuen

1. Beide Mehle, Salz, Sesam, Leinsamen und Sonnenblumenkerne in einer Schüssel vermischen und in der Mitte eine Mulde formen. Die Hefe im Wasser auflösen und in die Mulde gießen. Mit Hilfe der Küchenmaschine oder mit den Knethaken eines Handrührgeräts gründlich 5 Minuten kneten.
2. Die Teigschüssel mit einem sauberen, nassen Tuch zudecken und im Ofen bei knapp 50 Grad für gut 1 Stunde gehen lassen.
3. Ein Backpapier auf die Größe eines runden Backblechs (24 cm Durchmesser) zuschneiden und das Blech damit belegen.
4. Den Teig in 16 bis 20 gleich große Portionen teilen und zu kleinen Brötchen formen.
5. Das Eigelb gut verklopfen und die Minibrötchen damit bestreichen. Die einzelnen Teigkugeln großzügig mit Sesam, Leinsamen oder Sonnenblumenkernen bestreuen, kurz andrücken und anschließend kreisförmig aneinander aufs Blech legen.
6. Nochmals 15 bis 20 Minuten gehen lassen. Inzwischen den Backofen auf 200 Grad vorheizen.
7. Das Partybrot im vorgeheizten Backofen 25 bis 30 Minuten backen.

Hinweis
Man kann auch nur eine glutenfreie Mehlmischung verwenden, also z. B. 500 g Schär Mix it dunkel oder 500 g Morga Zopfmehl-Mix oder 500 g Zwicky Basis Mehlmischung.

OLIVEN-KASTENBROT

250 g glutenfreie Mehlmischung (Zwicky Basis Mehlmischung oder Hammermühle Mehl-Mix hell)
½ TL Salz
20 g Frischhefe
½ TL Zucker
150 ml Wasser
2 Eiweiß
1 EL kaltgepresstes Olivenöl
10 entsteinte schwarze Oliven
2 EL gehackte frische Kräuter, z. B. Rosmarin, Thymian, Basilikum

1. Das Mehl und das Salz in einer großen Schüssel mischen. Die Hefe mit etwas Wasser und dem Zucker anrühren und mit dem restlichen Wasser, Eiweiß und Olivenöl beifügen. Die Oliven in kleine Würfelchen schneiden und zusammen mit den Kräutern dazugeben. Mit der Küchenmaschine gründlich zu einem Teig kneten.
2. Eine längliche Backform (26 cm) leicht einfetten und mit Backpapier auslegen.
3. Den Teig in die Form geben. Mit Wasser glatt streichen. An einem warmen Ort auf das doppelte Volumen aufgehen lassen.
4. Den Backofen auf 190 Grad vorheizen.
5. Das Kastenbrot im vorgeheizten Backofen rund 50 Minuten backen.

Tipps
Sind keine frischen Küchenkräuter erhältlich, kann man getrocknete Provence-Kräutermischung verwenden.

Nach Belieben 3 bis 4 getrocknete Tomaten klein schneiden und unter den Brotteig mischen. Die doppelte Menge zubereiten und ein Brot tiefkühlen.

Oliven-Kastenbrot

LAUGENBREZEL

Silserli

Hefeteig:
500 g glutenfreie Mehlmischung (Hammermühle Mehl-Mix hell oder Schär Brot-Mix oder Morga Zopfmehl-Mix)
1½ TL Salz
30 g Butter
20 g Frischhefe
150–200 ml Wasser
150 ml Milch

Lauge:
500 ml Wasser
2 TL Salz
50 g Haushaltsnatron (siehe Hinweis)

1 Eiweiß zum Bestreichen
grobkörniges Salz, Sesam, Mohnsamen zum Bestreuen

1. Das Mehl und das Salz in einer großen Schüssel gut mischen. In der Mitte eine Mulde formen. Das Wasser und die Milch leicht erwärmen und in die Mulde gießen. Die Hefe zerbröckeln und in die Flüssigkeit einrühren. Alles zu einem Teig vermengen. Die Butter schmelzen und zum Teig geben.
2. Mit der Küchenmaschine oder dem Handrührgerät gründlich zu einem Teig kneten. Mit einem feuchten Tuch zudecken und an einem warmen Ort etwa 1 Stunde gehen lassen.
3. Den Backofen auf 200 Grad vorheizen. Ein großes Backblech mit Backpapier belegen.
4. Den Teig in 16 gleich große Stücke teilen. Diese zu Rollen formen und aus jeder Rolle eine Brezel (Silserli) formen.
5. Für die Lauge Wasser, Salz und Natron in einer Pfanne aufkochen, die Hitze reduzieren. Die Brezel (Silserli) auf einem Sieblöffel einzeln nur kurz in die Lauge tauchen. Herausnehmen und auf das mit Backpapier belegte Blech legen.
6. Sofort in der unteren Hälfte des vorgeheizten Backofens einschieben und 20 Minuten backen, bis das Laugengebäck schön goldbraun gebacken ist.
7. Nach dem Backen die Brezel (Silserli) mit Eiweiß bestreichen, damit sie schön glänzen, und mit grobkörnigem Salz, Sesam oder Mohn bestreuen. Zum Auskühlen auf ein Kuchengitter legen.

Tipp
Die Brezel mit Schnittlauchquark, Kräuterfrischkäse, Schinken, Tomaten oder Käse füllen.

Hinweis
Haushaltsnatron (Natriumhydrogenkarbonat) ist in Lebensmittelgeschäften, Drogerien und Apotheken erhältlich.

GEMÜSESCHNECKEN

Für 10 Schnecken

Hefeteig:
250 g glutenfreie Mehlmischung (Hammermühle Mehl-Mix hell oder Schär Brot-Mix oder Zwicky Basis Mehlmischung)
½ TL Salz
20 g Frischhefe
250 ml lauwarme Milch
2 EL kaltgepresstes Olivenöl

Füllung:
1 kleine Zwiebel
250 g Lauch
250 g Karotten
200 g Knollensellerie
1–2 EL kaltgepresstes Olivenöl
ca. 50 ml Gemüsebouillon
2 EL fein gehackter Thymian
Pfeffer aus der Mühle
Salz
4 EL Senf
150 g geriebener Greyerzer

1 Eigelb zum Bestreichen

1. Für den Teig das Mehl und das Salz in einer großen Schüssel vermischen. Die Hefe in der Milch auflösen und mit dem Öl beifügen. Mit Hilfe der Küchenmaschine oder mit den Knethaken eines Handrührgeräts zu einem geschmeidigen Teig kneten. Zugedeckt mit einem feuchten Tuch um das doppelte Volumen aufgehen lassen.
2. Für die Füllung die Zwiebel schälen und fein schneiden. Den Lauch putzen, in sehr feine Ringe schneiden. Die Karotten und den Sellerie schälen und beides grob raspeln. Zuerst die Zwiebeln und dann das Gemüse im heißen Olivenöl andünsten. Die Gemüsebouillon beifügen und etwa 10 Minuten bei milder Temperatur dünsten lassen. (Es sollte kein Kochwasser übrig bleiben.) Bei Bedarf mit Pfeffer und Salz abschmecken. Auskühlen lassen.
3. Den Teig mit etwas glutenfreiem Mehl bestäuben und zwischen zwei Lagen Backpapier zu einem Rechteck (ca. 30 × 35 cm) ausrollen.
4. Den Teig mit Senf gleichmäßig bestreichen und mit Käse bestreuen. Das abgetropfte Gemüse darüber verteilen.
5. Den Teig von der Längsseite her sorgfältig und satt aufrollen. Die Rolle in 3 cm dicke Scheiben schneiden und auf ein großes mit Backpapier belegtes Blech legen. Die Schnecken etwas flach drücken und mit Eigelb rundherum bestreichen. Nochmals 15 Minuten gehen lassen. Den Backofen auf 180 Grad vorheizen.
6. Die Gemüseschnecken im vorgeheizten Backofen etwa 25 Minuten backen.

Tipp
Dazu passt ein frischer, knackiger Saisonsalat.

KRÄUTER-BAGUETTES

300 g glutenfreie Mehlmischung (Zwicky Basis Mehlmischung oder Schär Brot-Mix)
25 g Frischhefe
1 TL Zucker
1 TL Salz
200 ml lauwarmes Wasser
50 g flüssige Butter
2 Bund fein gehackte frische Kräuter, z. B. Petersilie, Schnittlauch, Oregano
1 gepresste Knoblauchzehe, nach Belieben

etwas Olivenöl zum Bestreichen

1. Das Mehl mit dem Salz in eine große Schüssel geben und in der Mitte eine Mulde formen. Die Hefe mit etwas Wasser verrühren, den Zucker und das restliche Wasser beifügen. In die Mehlmulde gießen und mit der Küchenmaschine oder dem Handrührgerät gründlich kneten.
2. Die flüssige Butter, die gehackten Kräuter und nach Belieben Knoblauch dazugeben, weiterkneten und je nach Teigkonsistenz noch etwas Mehl beifügen.
3. Den Teig halbieren und zwei längliche Brote (Baguettes) formen. Auf ein großes, mit Backpapier belegtes Blech legen. Mit einem sauberen, feuchten Tuch zudecken und an einem warmen Ort rund 30 Minuten gehen lassen.
4. Den Backofen auf 220 Grad vorheizen.
5. Die Baguettes mit einem Messer mehrmals quer einschneiden und mit etwas Öl bestreichen. Im vorgeheizten Backofen etwa 25 Minuten backen.

BUCHWEIZENBRÖTCHEN MIT SONNENBLUMENKERNEN

Für 9 Stück

250 g glutenfreie Mehlmischung (Schär Brot-Mix oder Morga Zopfmehl-Mix oder Zwicky Basis Mehlmischung)
100 g Buchweizenmehl 🔍 (Bauckhof, Morga)
4 EL Sonnenblumenkerne
1 TL Salz
350 ml Wasser
1 TL Zucker
22 g Frischhefe

1 kleines Eigelb zum Bestreichen
4 EL Sonnenblumenkerne

1. Für den Teig die beiden Mehle, die Sonnenblumenkerne und das Salz in einer großen Schüssel vermischen und in der Mittel eine Mulde formen. Die Hefe zuerst mit etwas Wasser verrühren, den Zucker und das restliche Wasser beifügen. In die Mulde giessen und leicht vermengen. Mit Hilfe der Küchenmaschine oder den Knethaken eines Handrührgeräts zu einem geschmeidigen Teig kneten. Zugedeckt mit einem feuchten Tuch für 1 Stunde aufgehen lassen.
2. Den Teig in 9 gleich große Portionen teilen. Jede Teigportion zu einer schönen Kugel formen und auf ein großes mit Backpapier belegtes Blech legen. Nochmals 15 Minuten ruhen lassen. Inzwischen den Backofen auf 200 Grad vorheizen.
3. Die Teigkugeln mit wenig verklopftem Eigelb bestreichen und mit den Kernen bestreuen. Im vorgeheizten Backofen etwa 25 Minuten backen. Die Brötchen sind fertig gebacken, wenn sie beim Klopfen auf der Unterseite »hohl« klingen.

SÜSSE HEFETEIGSCHNECKEN

Für 12–16 Stück

Teig:
330 g glutenfreie Mehlmischung (Schär Brot-Mix oder Morga Zopfmehl-Mix oder Hammermühle Mehl-Mix hell)
½ TL Salz
20 g Frischhefe
ca. 250 ml lauwarme Milch
40 g Akazienhonig
40 g weiche Butter

Füllung:
200 g geriebene Haselnüsse
40 g Sultaninen, in Wasser eingeweicht
50 g Akazienhonig
½ Bio-Zitrone, abgeriebene Schale und 2 EL Saft
½ kleiner Apfel, geschält und fein gerieben
1 Eiweiß
1 TL Zimtpulver
4 EL Aprikosenkonfitüre

1 Eigelb zum Bestreichen

1. Für den Teig Mehl und Salz in einer großen Schüssel vermischen. In der Mitte eine Mulde formen. Die Hefe mit etwas Milch gut verrühren, die restliche Milch beifügen und in die Mehlmulde gießen, kurz vermengen. Honig und Butter in kleinen Stückchen dazugeben. Mit der Küchenmaschine oder mit den Knethaken eines Handrührgerätes gründlich kneten. Der Teig sollte schön feucht und geschmeidig sein. Die Schüssel mit einem feuchten Tuch zugedeckt für eine Stunde gehen lassen.
2. Inzwischen für die Füllung alle Zutaten bis und mit Zimtpulver in eine Schüssel geben und gut vermischen.
3. Den Teig auf einer Silikonmatte zu einem Rechteck von 30 x 40 cm ausrollen. Um ein Kleben zu vermeiden eine Klarsichtfolie beim Ausrollen auf den Teig legen. Den ausgerollten Teig mit Aprikosenkonfitüre bestreichen, danach die Nussmasse gleichmäßig darauf verteilen und sorgfältig verstreichen.
4. Den Teig von der Längsseite her satt aufrollen, in etwa 3 cm dicke Scheiben schneiden und mit der Schnittfläche nach oben auf zwei mit Backpapier belegte Bleche legen.
5. Die Schnecken etwas flach drücken, Teig rundherum mit verklopftem Eigelb bestreichen und nochmals 15 Minuten gehen lassen.
6. Den Backofen auf 180 Grad vorheizen.
7. Die Schnecken im vorgeheizten Ofen 20 bis 25 Minuten backen. Wenn sie zu stark bräunen, mit Folie abdecken.

Tipp

Statt mit Eigelb kann man die noch warmen ofenfrischen Schnecken mit einer Glasur aus Puderzucker und Zitronensaft bestreichen.

Variante Russenzopf

Für einen Russenzopf schneidet man die gefüllte Teigrolle der Länge nach durch und verschlingt – mit der Schnittfläche nach oben – die Hälften ineinander. In eine längliche Kuchenform (ca. 26 cm) geben, mit Eigelb bestreichen, nochmals 15 Minuten gehen lassen und rund 35 Minuten im vorgeheizten Backofen bei 180 Grad backen.

ROSINENBRÖTCHEN

Für 12 Stück

500 g glutenfreie Mehlmischung (Hammermühle Mehl-Mix hell oder Schär Brot-Mix oder Zwicky Basis Mehlmischung)
1 TL Salz
ca. 300 ml Milch
80 g Butter
30 g Zucker
30 g Frischhefe
80 g Rosinen, in Wasser eingeweicht

1 Eigelb zum Bestreichen
nach Belieben einige Mandelstifte

1. Das Mehl und das Salz in einer großen Schüssel mischen. In der Mitte eine Mulde formen. Milch, klein geschnittene Butter und Zucker in einem kleinen Pfännchen leicht erwärmen und in die Mulde gießen. Die Hefe zerbröckeln und in die Flüssigkeit einrühren. Die eingeweichten Rosinen gut abtropfen lassen und beifügen. Alles zu einem Teig vermengen.
2. Mit der Küchenmaschine oder dem Handrührgerät gründlich zu einem Teig kneten. Mit einem feuchten Tuch zudecken und an einem warmen Ort auf das doppelte Volumen aufgehen lassen.
3. Den Teig in 12 bis 16 gleich große Stücke teilen, zu Brötchen formen. Auf ein großes, mit Backpapier belegtes Blech legen.
4. Den Backofen auf 200 Grad vorheizen.
5. Die Brötchen mit Eigelb bestreichen und nach Belieben mit einigen Mandelstiften bestreuen. Nochmals 10 bis 15 Minuten gehen lassen.
6. Die Brötchen in der Mitte des vorgeheizten Backofens etwa 15 bis 20 Minuten backen.

SCHOKOLADENBRÖTCHEN

Für 12–16 Stück

500 g glutenfreie Mehlmischung (Hammermühle Mehl-Mix oder Schär Brot-Mix oder Morga Zopfmehl-Mix)
1 TL Salz
ca. 300 ml Milch
80 g Butter
30 g Zucker
30 g Frischhefe
2 EL Quark
100 g Schokoladenwürfelchen

1 Eigelb zum Bestreichen

1. Die beiden Mehlmischungen und das Salz in einer großen Schüssel mischen. In der Mitte eine Mulde formen. Milch, klein geschnittene Butter und Zucker in einem kleinen Pfännchen leicht erwärmen und in die Mulde gießen. Die Hefe zerbröckeln und in die Flüssigkeit einrühren. Den Quark und die Schokoladenwürfelchen beifügen. Alles zu einem Teig vermengen.
2. Mit der Küchenmaschine oder dem Handrührgerät gründlich zu einem Teig kneten. Mit einem feuchten Tuch zudecken und an einem warmen Ort auf das doppelte Volumen aufgehen lassen.
3. Den Teig in 12 bis 16 gleich große Stücke teilen, zu Brötchen formen. Auf ein großes, mit Backpapier belegtes Backblech legen.
4. Den Backofen auf 200 Grad vorheizen.
5. Die Brötchen mit Eigelb bestreichen und nochmals 10 bis 15 Minuten gehen lassen.
6. Die Brötchen in der Mitte des vorgeheizten Backofens etwa 15 bis 20 Minuten backen.

SONNTAGSZOPF

500 g glutenfreie Mehlmischung (Hammermühle Mehl-Mix oder Schär Brot-Mix oder Morga Zopfmehl-Mix)
1 TL Salz
ca. 250 ml Milch
180 g Sauerrahm
30 g Frischhefe
80 g Butter
2 Eigelb und etwas Öl zum Bestreichen

1. Die beiden Mehlmischungen und das Salz in einer großen Schüssel mischen. In der Mitte eine Mulde formen. Die Milch und den Sauerrahm leicht erwärmen und in die Mulde gießen. Die Hefe zerbröckeln und in die Flüssigkeit einrühren. Alles zu einem Teig vermengen. Am Schluss die Butter schmelzen lassen und beifügen.
2. Mit der Küchenmaschine oder dem Handrührgerät gründlich zu einem feuchten Teig kneten. Mit einem nassen Tuch zudecken und an einem warmen Ort mindestens 1 Stunde gehen lassen.
3. Den Backofen auf 200 Grad vorheizen.
4. Den Teig in drei gleich große Stücke teilen, zu Rollen formen. Aus den Rollen einen Zopf formen. Auf ein großes mit Backpapier belegtes Backblech legen.
5. Eigelb und Öl vermischen und den Zopf damit bestreichen. Nochmals 10 bis 15 Minuten gehen lassen.
6. Im vorgeheizten Backofen je nach Größe und Dicke etwa 30 bis 40 Minuten backen.

Tipp
Dieses Grundrezept für süßen Hefeteig eignet sich auch für Grittibänze oder andere süße Teigrezepte.

Hinweis
Einen Teil des Mehls durch Hammermühle Mehl-Mix rustikal oder Zwicky Basis Mehlmischung ersetzen. Diese Mehlmischungen enthalten Kastanienmehl beziehungsweise Buchweizenmehl, was dem Teig eine etwas dunklere Farbe verleiht (siehe Mehl-Tabelle auf Seite 36/37).

Variante
Anstelle eines großen Zopfes kann man den Teig in 6 Stücke teilen und beliebige Zopfformen backen. Die Backtemperatur auf 180 Grad und die Backzeit um rund 15 Minuten reduzieren.

PANETTONE

300 g glutenfreie Mehlmischung (Schär Brot-Mix oder Morga Zopfmehl-Mix oder Bauckhof Mehl-Mix Universal)
125 g Zucker
2 TL Bourbon-Vanillezucker
¼ TL Salz
20 g frische Hefe
200 ml lauwarmes Wasser
80 g flüssige Butter
2 Eier
100 g gehacktes, bunt gemischtes Orangeat
50 g in wenig Wasser eingeweichte Rosinen
50 g Mandelstifte
1 unbehandelte Zitrone, abgeriebene Schale

1. Mehl, Zucker, Vanillezucker und Salz in einer Schüssel vermischen. In der Mitte eine Mulde formen. Die Hefe mit dem Wasser verrühren und in die Mulde gießen. Kurz zu einem Teig vermengen.
2. Die flüssige, abgekühlte Butter und die Eier beifügen. Mit Hilfe der Küchenmaschine oder eines Handrührgerätes ausgiebig rühren, bis ein homogener glatter Teig entsteht.
3. Die Schüssel mit einem nassen sauberen Tuch zudecken und an einem warmen Ort mindestens 1 Stunde um das doppelte Volumen aufgehen lassen.
4. Orangeat, abgetropfte Rosinen, Mandelstifte und Zitronenschale beifügen und alles gut vermengen.
5. Eine Panettone-Backform (oder eine hohe Auflaufform von 20 cm Durchmesser) leicht einfetten und mit Backapier auslegen, sodass der Papierrand über die Form kommt.
6. Die Teigmasse einfüllen und im vorgeheizten Backofen bei 200 Grad etwa 45 Minuten backen. Gegen Backende eine Garprobe machen.

Variante
Sehr gut schmecken kleine Mini-Panettoni, die sich auch als Mitbringsel eignen. Dazu speziell hohe Muffin-Papierförmchen in Dessertringe stellen, damit der Teig beim Backen schön in Form bleibt. Die Backzeit um etwa 10 Minuten reduzieren. Die Menge reicht für ca. 6 Mini-Panettoni.

PAUSENBRÖTCHEN

Für 12 Stück

300 g glutenfreie Mehlmischung (Morga Zopfmehl-Mix oder Schär Brot-Mix oder Zwicky Basis Mehlmischung)
1 Prise Salz
1 EL Zucker
¼ TL Zimtpulver
10 g Frischhefe
ca. 250 ml lauwarmes Wasser
150 g gemischte Trockenfrüchte, z. B. Aprikosen, Pflaumen, Feigen, Äpfel, Rosinen
100 ml Apfelsaft oder Wasser zum Einweichen
6 Baumnusskerne (Walnusskerne)
1 Eigelb
1 TL ÖL

1. Mehl, Salz, Zucker und Zimtpulver in einer Schüssel mischen, in der Mitte eine Mulde formen. Die Hefe in etwas Wasser auflösen und zusammen mit dem restlichen Wasser in die Mehlmulde gießen.
2. Mit Hilfe der Küchenmaschine oder mit dem Knethaken eines Handrührgeräts gründlich 4 bis 5 Minuten kneten. Die Schüssel mit einem nassen Tuch abdecken und im Backofen bei 50 Grad etwa 1 Stunde auf das doppelte Volumen aufgehen lassen.
3. Inzwischen die Trockenfrüchte (außer Rosinen) in kleine Würfelchen schneiden und im Apfelsaft (oder Wasser) einweichen.
4. Die Nüsse grob hacken und zusammen mit den ausgedrückten Trockenfrüchten unter den aufgegangenen Hefeteig mischen.
5. Den Teig zu 12 kleinen Brötchen formen. Eigelb und Öl verrühren, mit einem Backpinsel die Brötchen damit bestreichen. Auf einem mit Backpapier belegten Blech nochmals 25 Minuten ruhen lassen.
6. Im vorgeheizten Backofen bei 200 Grad etwa 20 Minuten backen.

Tipp
Ideal als Zwischenverpflegung in der Schule, am Arbeitsplatz oder zum Mitnehmen für unterwegs.

Panettone

Herzhafte Gerichte aus Getreide und Körnern

REISRING MIT PILZRAGOUT

Reisring:
1 kleine Zwiebel
1 EL kaltgepresstes Olivenöl
350 g Vollkornreis
1 Lorbeerblatt
2 Nelken
500 ml Gemüsebouillon
100 g geriebener Parmesan
Pfeffer aus der Mühle
Salz

Pilzragout:
1 kleine Zwiebel
1 Knoblauchzehe
1 Bund Petersilie
250 g frische Champignons
250 g gemischte frische Waldpilze, z. B. Steinpilze, Austernpilze, Eierschwämme, Morcheln
1 EL kaltgepresstes Olivenöl
100 ml trockener Weißwein
200 ml Rahm (Sahne)

1. Für den Reisring die Zwiebel schälen, fein hacken und im heißen Olivenöl andünsten. Reis in einem feinmaschigen Sieb unter fließendem kaltem Wasser durchspülen. Zusammen mit Lorbeerblatt und Nelken beifügen, kurz rühren und mit der Gemüsebouillon auffüllen. Aufkochen, etwa 15 Minuten auf reduzierter Temperatur köcheln lassen und auf der abgeschalteten Herdplatte 30 Minuten quellen lassen.
2. Den Backofen auf 150 Grad vorheizen. Eine Ringform mit Butter gut einfetten.
3. Das Lorbeerblatt und die Nelken aus dem Reis entfernen. Den Käse daruntermischen und mit Pfeffer und Salz abschmecken. Die Reismasse in die Ringform füllen und für etwa 15 Minuten in den vorgeheizten Backofen stellen.
4. Für das Pilzragout Zwiebel und Knoblauchzehe schälen und fein hacken. Die Petersilie ebenfalls fein hacken. Die Champignons und die Waldpilze putzen (nicht wässern) und in Scheiben, Streifen oder kleine Stücke schneiden. Die Pilze mit Pfeffer und Salz würzen.
5. Das Olivenöl in einer großen beschichteten Bratpfanne erhitzen. Zwiebel, Knoblauch und Pilze zusammen hineingeben und unter ständigem Rühren oder kräftigem Schütteln der Pfanne anbraten (rührbraten). Mit dem Weißwein aufgießen, den Rahm beifügen und einköcheln lassen. Am Schluss die Petersilie daunter rühren. Nach Bedarf mit Pfeffer und Salz abschmecken.
6. Den Reisring auf eine vorgewärmte runde Servierplatte stürzen und das Pilzragout in die Mitte einfüllen.

Varianten

Außerhalb der Pilzsaison getrocknete Waldpilze oder nur frische Champignons verwenden.

Anstelle eines Pilzragouts passt auch ein Gemüse-Ratatouille ausgezeichnet dazu (Rezept Seite 77).

PEPERONI MIT STEINPILZRISOTTO

80 g frische Steinpilze
(oder 15 g getrocknete Pilze)
1 kleine Zwiebel
2 Knoblauchzehen
2 EL kaltgepresstes Olivenöl
180 g Vollkornreis
400 ml Gemüsebouillon
100 ml trockener Weißwein
50 ml Rahm (Sahne)
60 g geriebener Parmesan
3 EL fein gehackte Petersilie
2 große gelbe Peperoni (Paprika)
2 große rote Peperoni (Paprika)
Pfeffer aus der Mühle
Salz
Butter für die Form

1. Die Steinpilze putzen und klein schneiden (getrocknete Pilze in wenig Wasser 10 Minuten einweichen). Die Zwiebel und die Knoblauchzehen schälen und fein hacken.
2. Zuerst Zwiebel und Knoblauch im heißen Olivenöl andünsten. Vollkornreis in einem feinmaschigen Sieb unter fließendem kaltem Wasser durchspülen. Gemüsebouillon und Weißwein dazugießen. Aufkochen und die Steinpilze dazugeben. Etwa 20 Minuten bei milder Temperatur köcheln lassen. Anschließend auf abgeschalteter Herdplatte weitere 40 Minuten quellen lassen.
3. Rahm, Käse und gehackte Petersilie darunterrühren. Mit Pfeffer und Salz abschmecken.
4. Den Backofen auf 200 Grad vorheizen.
5. Die Peperoni waschen, halbieren und entkernen. Die Peperonihälften mit der Risottomasse füllen und in eine gefettete Gratinform legen. Etwas Gemüsebouillon angießen.
6. Im vorgeheizten Backofen etwa 20 Minuten überbacken.

Varianten
Peperoni durch große Tomaten ersetzen.
Anstelle von Steinpilzen kann man auch frische Champignons verwenden.

VOLLKORNREIS MIT FRÜHLINGSGEMÜSE

1 Frühlingszwiebel
2 Knoblauchzehen
2 EL kaltgepresstes Olivenöl
250 g Vollkornreis
ca. 700 ml Gemüsebouillon
250 g Karotten (Bund)
200 g weiße Spargeln
200 g Kefen (Zuckerschoten)
Pfeffer aus der Mühle
Salz

1 Bund Schnittlauch zur Dekoration

1. Die Frühlingszwiebel putzen und in feine Ringe schneiden. Die Knoblauchzehen schälen und fein hacken. Beides im Olivenöl andünsten.
2. Den Vollkornreis in einem feinmaschigen Sieb unter fließendem kaltem Wasser durchspülen. Beifügen, kurz mitdünsten und mit der Gemüsebouillon auffüllen. Aufkochen, etwa 15 Minuten leicht köcheln lassen, anschließend auf der abgeschalteten Herdplatte etwa eine Stunde quellen lassen.
3. Die Karotten putzen (nicht schälen) und in feine Stengelchen schneiden. Die Spargeln großzügig schälen und in 4 cm lange Stücke schneiden. Zusammen mit den Kefen im Dampfkörbchen knapp bissfest garen. (Oder das Gemüse in einer Pfanne mit wenig Gemüsebouillon knapp weich garen.)
4. Das Gemüse mit Pfeffer und Salz leicht würzen und fein geschnittenem Schnittlauch bestreut separat zum Reis servieren.

Tipp
Dazu passt eine Safransauce (Rezept Seite 96).

Peperoni mit Steinpilzrisotto

MAISBRATEN AN TOMATENSAUCE

1 l Gemüsebouillon
250 g grobkörniger Bramata Mais
100 g geriebener Parmesan oder Sbrinz
Pfeffer aus der Mühle
frisch geriebene Muskatnuss
Kräutermeersalz

Tomatensauce:
1 kleine Zwiebel
2 Knoblauchzehen
4–5 große Fleischtomaten
2 EL kaltgepresstes Olivenöl
1 mittelgroße Karotte
50 ml Rotwein
2 EL Tomatenkonzentrat
½ Bund Oregano
1 Bund Basilikum
Pfeffer aus der Mühle
Salz

1. Für den Maisbraten die Gemüsebouillon aufkochen und den Mais einrühren. Die Hitze reduzieren und den Mais unter ständigem Rühren etwa 10 Minuten köcheln lassen. Anschließend bei milder Temperatur etwa 25 Minuten quellen lassen. Den geriebenen Käse darunter rühren. Mit Pfeffer, Muskatnuss und Kräutersalz abschmecken.
2. Für die Tomatensauce die Zwiebel und den Knoblauch schälen und fein hacken. Die Tomaten in kleine Würfel schneiden. Zwiebel und Knoblauch im heißen Olivenöl andünsten. Die Tomatenwürfel beifügen. Die Karotte fein dazureiben und mit dem Rotwein aufgießen. Das Tomatenkonzentrat darunterrühren.
3. Die Kräuter fein schneiden und beifügen. Etwa 15 bis 20 Minuten bei milder Temperatur köcheln lassen. Mit Pfeffer und Salz kräftig würzen.
4. Den Backofen auf 200 Grad vorheizen.
5. Eine längliche Kuchenform oder eine Rehrücken-Backform mit Butter gut einfetten. Die Maismasse einfüllen und glatt streichen. Im vorgeheizten Backofen rund 15 Minuten backen.
6. Vor dem Stürzen den Maisbraten einige Minuten stehen lassen, am Rand lösen und auf eine längliche Platte stürzen. Die Tomatensauce separat dazu servieren.

Varianten
Eine Ringform (Savarinform) verwenden. Anstatt der Tomatensauce ein Ratatouille (Seite 77) oder ein frisches Pilzragout (Seite 72) dazu servieren.

ÜBERBACKENE MAISKUGELN MIT LAUCH

500 ml Milch
400 ml Gemüsebouillon
200 g grobkörniger Bramata Mais
1 große Stange Lauch
1 EL kaltgepresstes Olivenöl
Pfeffer aus der Mühle
frisch geriebene Muskatnuss
Salz
60 g geriebener Greyerzer

1. Die Milch und die Gemüsebouillon in einem großen Topf aufkochen. Mit Pfeffer, Muskatnuss und Salz kräftig würzen. Den Mais einrühren und 10 bis 15 Minuten leicht köcheln lassen. Immer wieder gut umrühren. Auf der abgeschalteten Herdplatte etwa 30 Minuten quellen lassen. Inzwischen den Lauch putzen, der Länge nach in feine Streifen schneiden und diese sehr klein schneiden. Die Lauchwürfelchen im heißen Olivenöl einige Minuten dünsten. Gut mit der Maismasse vermengen.
2. Den Backofen auf 220 Grad vorheizen.
3. Eine Gratinform mit Butter einfetten. Aus der Maismasse mit einem Eisportionierer oder mit feuchten Händen kleine Kugeln formen und diese nebeneinander in die Form legen. Den Käse darüberstreuen.
4. Im vorgeheizten Backofen etwa 15 Minuten überbacken.

Variante
Statt Greyerzer kann man Gorgonzola-Mascarpone oder Schabziger nehmen.

MAISRING MIT RATATOUILLE-GEMÜSE

600 ml Gemüsebouillon
600 ml Milch
200 g feiner Maisgrieß (Seitz, Zwicky)
100 g Zuckermaiskörner, aus der Dose

Ratatouille-Gemüse:
2 gelbe Peperoni (Paprika)
3 Fleischtomaten
1 Aubergine
2–3 Zucchini
2 Zwiebeln
2 große Knoblauchzehen
2–3 EL kaltgepresstes Olivenöl
reichlich frische Kräuter (z.B. Basilikum, Oregano, Thymian)
Pfeffer aus der Mühle
Salz
nach Bedarf 1 TL Maisstärke

1. Die Gemüsebouillon und die Milch zusammen aufkochen und den Maisgrieß einrühren. Die Temperatur reduzieren und den Mais etwa 10 Minuten unter ständigem Rühren köcheln lassen. Die Maiskörner beifügen. Bei milder Temperatur unter gelegentlichem Rühren 20 Minuten leicht quellen lassen.
2. Das Gemüse waschen und alle Stielansätze wegschneiden. Die Peperoni entkernen und in Streifen schneiden, die Zucchini in 5 mm dicke Scheiben, Tomaten und Auberginen in mittelgroße Würfel schneiden.
3. Zwiebeln und Knoblauch schälen und fein hacken. Im heißen Olivenöl andünsten. Das Gemüse beifügen und mitdünsten. Auf milder Temperatur (ohne Wasserzugabe) 10 Minuten leicht garen. Falls das Gemüse zu viel Wasser zieht, nach Bedarf mit Maisstärke abbinden. Die Kräuter fein schneiden, daruntermischen und mit Pfeffer und Salz kräftig abschmecken.
4. Den Backofen auf 200 Grad vorheizen.
5. Die Maismasse in eine gebutterte Ringform füllen, glatt streichen und im vorgeheizten Backofen etwa 15 Minuten backen.
6. Vor dem Stürzen einige Minuten stehen lassen, am Rand lösen und auf eine runde Servierplatte stürzen. Das Ratatouille-Gemüse in die Mitte geben oder separat dazu servieren.

MAISPIZZA MIT GEMÜSE

1 l Gemüsebouillon
250 g grobkörniger Bramata Mais
1 kleine Zwiebel
2–3 kleine Zucchini
2 Karotten
1 gelbe Peperoni (Paprika)
2 EL kaltgepresstes Olivenöl
1 Bund frischer Oregano
300 g Mozzarella
Pfeffer aus der Mühle
Salz

1. Die Gemüsebouillon erhitzen, den Mais einrühren, kurz aufkochen und auf mittlerer Temperatur 10 Minuten unter ständigem Rühren köcheln lassen. Danach etwa 45 Minuten quellen lassen. Gelegentlich umrühren.
2. Ein großes rundes Backblech (30 cm Durchmesser) mit Butter einfetten. Die Maismasse gleichmäßig darauf ausstreichen.
3. Die Zwiebel schälen und fein hacken. Die Zucchini in feine Scheiben schneiden. Die Karotten schälen und ebenfalls in feine Scheiben schneiden. Die Peperoni halbieren, entkernen und in feine Streifen schneiden. Die Zwiebel und das Gemüse im heißen Olivenöl kurz dünsten. Die Oreganoblättchen fein schneiden und beifügen. Mit Pfeffer und Salz würzen. Knapp weich garen.
4. Den Backofen auf 200 Grad vorheizen.
5. Das Gemüse auf dem Maisboden verteilen. Den Mozzarella halbieren, in feine Scheiben schneiden und die Maispizza damit belegen. Nochmals pfeffern und leicht salzen.
6. Im vorgeheizten Backofen auf 220 Grad rund 20 Minuten überbacken.

Tipps

Je nach Marktangebot anderes Saisongemüse verwenden.

Die Mais-Pizza lässt sich wie eine normale Pizza belegen und überbacken. Weitere Ideen finden sich auf Seite 48.

Wenn es schnell gehen muss, kann man auch glutenfreien Instant-Polentagrieß verwenden, z. B. von Probios, Zwicky.

ÜBERBACKENE TOMATEN-MAISTALER

400 ml Gemüsebouillon
150 g feiner Maisgrieß (Seitz, Zwicky)
2–3 mittelgroße Tomaten
150 g Taleggio (italienischer Weichkäse)
3 EL Basilikum-Pesto
1–2 TL getrockneter Oregano
Pfeffer aus der Mühle

1. Die Gemüsebouillon aufkochen, den Maisgrieß einrühren und unter ständigem Rühren bei milder Temperatur etwa 5 bis 10 Minuten köcheln lassen. Sobald die Maismasse andickt, 2 cm dick auf ein großes Brett ausstreichen und erkalten lassen.
2. Die Stielansätze der Tomaten wegschneiden. Die Tomaten und den Käse in dünne Scheiben schneiden. Den Knoblauch schälen und fein hacken.
3. Aus der Maismasse runde Förmchen (Durchmesser entsprechend der Größe der Tomaten) ausstechen. Jeden Maistaler mit etwas Pesto bestreichen, eine Tomatenscheibe darauflegen, mit Oregano und Pfeffer würzen und mit einer Käsescheibe belegen.
4. Im auf 220 Grad vorgeheizten Backofen etwa 15 bis 20 Minuten überbacken.

Tipp

Statt Taleggio Raclettekäse nehmen.

Maispizza mit Gemüse

HIRSEBURGER MIT TZATZIKI

12 Stück

200 g Hirse
500 ml Gemüsebouillon
1–2 Karotten (ca. 200 g)
½ kleine Lauchstange (ca. 150 g)
3 EL saurer Halbrahm
50 g geriebener Parmesan
Pfeffer aus der Mühle
Salz
Olivenöl zum Ausbraten

Tzatziki:
300 g griechischer Joghurt nature
1 TL kaltgepresstes Olivenöl
1 kleine Knoblauchzehe
¼ Salatgurke
2 EL fein geschnittener Dill
Pfeffer aus der Mühle
Salz

1. Die Hirse in einem feinmaschigen Sieb unter fließendem kaltem Wasser durchspülen. Die Gemüsebouillon aufkochen und die Hirse einrühren. Zugedeckt bei mittlerer Temperatur 10 Minuten köcheln lassen. Danach 20 Minuten mit geschlossenem Pfannendeckel auf abgeschalteter Herdplatte quellen lassen.
2. Die Karotte schälen und grob raspeln. Den Lauch fein schneiden. Beides mit sehr wenig Wasser kurz dünsten bis kein Wasser mehr übrig bleibt. Den sauren Halbrahm und den Käse unter die Hirse mischen und alles zu einer geschmeidigen Masse vermengen. Mit Pfeffer und Salz abschmecken.
3. Etwa 12 Küchlein (Burger) formen und in wenig Olivenöl auf beiden Seiten bei mittlerer Temperatur goldbraun ausbraten.
4. Für das Tzatziki Joghurt und Olivenöl verrühren. Den Knoblauch schälen und dazupressen. Die Gurke schälen, entkernen, auf der Röstireibe raspeln und untermischen. Den Dill unterrühren und mit Pfeffer und Salz würzen. Zu den Hirseburgern servieren.

MAISGALETTEN MIT MISCHGEMÜSE

300 ml kräftige Gemüsebouillon
300 ml Milch
150 g feiner Maisgrieß (Seitz, Zwicky)
50 g würziger Reibkäse
800 g Mischgemüse nach Saison, z. B. Karotten, Zucchini, Fenchel, Sellerie
100 ml Gemüsebouillon
2 EL gehackte Petersilie
Pfeffer aus der Mühle
frisch geriebene Muskatnuss
nach Belieben 1 EL Sauerrahm

1. Die Gemüsebouillon und die Milch zusammen aufkochen, mit Pfeffer und Muskatnuss würzen. Den Maisgrieß kräftig einrühren und auf der abgeschalteten Herdplatte 2 Minuten weiterrühren. Die Maismasse 1 cm dick auf ein großes Brett ausstreichen und erkalten lassen.
2. Den Backofen auf 200 Grad vorheizen. Ein großes Backblech mit Backpapier belegen.
3. Mit einem Backförmchen (z. B. Halbmond) Maisgaletten ausstechen. Auf das Backblech legen und mit geriebenem Käse bestreuen.
4. Im vorgeheizten Backofen 15 bis 20 Minuten gratinieren.
5. Inzwischen das Gemüse waschen, schälen und klein schneiden. In der Gemüsebouillon dämpfen, die Petersilie beifügen und mit den Gewürzen abschmecken. Nach Belieben den Sauerrahm daruntermischen. Das Gemüse zu den überbackenen Maisgaletten servieren.

Variante
Die Maismasse auf ein Backblech ausstreichen, mit dem Gemüse belegen und mit Käse bestreuen. Im Backofen überbacken.

Hirseburger mit Tzatziki

TOMATEN MIT HIRSEFÜLLUNG

1 kleine Zwiebel
1 Knoblauchzehe
1 EL kaltgepresstes Olivenöl
etwa 300 ml Gemüsebouillon
1 Lorbeerblatt
80 g Hirse
4 große Tomaten
100 g Magerquark
80 g geriebener Greyerzer
einige Blätter Basilikum
Pfeffer aus der Mühle
Kräutersalz

1. Die Zwiebel und die Knoblauchzehe schälen und fein hacken. Im heißen Olivenöl andünsten. Mit der Gemüsebouillon auffüllen, das Lorbeerblatt beifügen und zum Kochen bringen.
2. Die Hirse in einem feinmaschigen Sieb unter fließendem kaltem Wasser durchspülen. In die Bouillon einrühren, die Temperatur reduzieren und 10 Minuten leicht köcheln lassen. Anschließend auf abgeschalteter Herdplatte 20 Minuten quellen lassen. Das Lorbeerblatt entfernen.
3. Den Stielansatz der Tomaten entfernen, einen Deckel abschneiden und die Tomaten aushöhlen.
4. Den Backofen auf 200 Grad vorheizen.
5. Den Quark und den Käse unter die Hirsemasse mischen. Das Basilikum fein schneiden und ebenfalls daruntermischen. Mit Pfeffer und Salz abschmecken.
6. Die Tomaten mit der Hirsemasse füllen und in eine gefettete Gratinform stellen. Wenig Gemüsebouillon eingießen. Im vorgeheizten Backofen etwa 30 Minuten überbacken.

Tipps

Das Tomatenfleisch für eine frische Tomatensuppe oder als Pizzabelag verwenden.

Varianten

Die Tomaten durch Peperoni (Paprika) ersetzen.

Anstelle einer Hirsefüllung schmeckt auch ein Steinpilzrisotto (Rezept Seite 74) ausgezeichnet.

HIRSE-TABOULÉ-SALAT

250 g Hirse
750 ml Gemüsebouillon
2 große Fleischtomaten
½ Salatgurke
1 (Frühlings-)Zwiebel
6 EL kalte Gemüsebouillon
3 EL kaltgepresstes Olivenöl
2 EL frisch gepresster Zitronensaft
2 EL fein geschnittene Pfefferminze
Salz
Pfeffer aus der Mühle

Pfefferminze für die Garnitur

1. Die Hirse in einem feinmaschigen Sieb unter fließendem kaltem Wasser durchspülen. Die Gemüsebouillon aufkochen, die Hirse einrühren und die Temperatur sofort reduzieren. Rund 10 Minuten leicht köcheln lassen, anschließend auf abgeschalteter Herdplatte etwa 30 Minuten quellen lassen.
2. Den Stielansatz der Tomaten entfernen. Die Tomaten in kleine Würfelchen schneiden. Die Gurke schälen, der Länge nach halbieren und die groben Kerne herausschaben. Die Gurkenhälften in kleine Würfelchen schneiden. Die Zwiebel schälen und sehr fein schneiden. Tomate, Gurke und Zwiebel mit der Hirse sorgfältig vermengen.
3. Die kalte Gemüsebouillon mit Olivenöl, Zitronensaft und Pfefferminze verrühren und mit Salz und Pfeffer abschmecken. Die Sauce zur Hirse geben und mischen. Rund 30 Minuten im Kühlschrank ziehen lassen.

Hinweis

In vielen nordafrikanischen Ländern wird Taboulé aus glutenhaltigem (!) Couscous (Hartweizengrieß) zubereitet. Diese glutenfreie Rezeptvariante mit Hirse schmeckt ebenso gut und ist eine willkommene erfrischende Abwechslung an heißen Sommertagen.

Variante

Anstatt Hirse kann man auch Quinoa verwenden.

Taboulé-Salat

HIRSEKÜCHLEIN MIT SPARGEL-GEMÜSE

1 kleine Zwiebel
1 EL kaltgepresstes Olivenöl
150 g Hirse
400 ml Gemüsebouillon
60 g geriebener Greyerzer
750 g weiße Spargeln
200 ml Gemüsebouillon
50 ml trockener Weißwein
einige Safranfäden
100 ml Rahm (Sahne)
Pfeffer aus der Mühle
Salz

Olivenöl zum Braten

1. Die Zwiebel schälen und im heißen Olivenöl andünsten. Die Hirse in einem feinmaschigen Sieb unter fließendem kaltem Wasser durchspülen, beifügen, rühren und mit der Gemüsebouillon aufgießen. Kurz aufkochen und auf abgeschalteter Herdplatte etwa 30 Minuten quellen lassen.
2. Den geriebenen Käse unter die Hirsemasse mischen und mit Pfeffer und wenig Salz kräftig abschmecken. Kleine Küchlein formen und in wenig Olivenöl bei mittlerer Temperatur auf beiden Seiten goldbraun anbraten. Warm stellen.
3. Die Spargeln großzügig schälen, in 4 cm lange Stücke schneiden und in der Gemüsebouillon weich kochen. Herausnehmen und beiseitestellen.
4. In den Spargelsud den Weißwein und die Safranfäden geben und 5 Minuten einkochen lassen. Den Rahm darunterrühren und mit Pfeffer und Salz abschmecken. Noch einige Minuten cremig einkochen lassen, dann die Spargelstücke hineingeben.
5. Die Hirseküchlein zum Spargelgemüse servieren.

Tipp
Auch zarte grüne Spargeln eignen sich für dieses Rezept. Diese nicht schälen, sondern nur die holzigen Enden wegschneiden.

HIRSESOUFFLÉ

650 ml Gemüsebouillon
6 Safranfäden oder ¼ TL Safranpulver
160 g Hirse
4 Eigelb
70 g geriebener Sbrinz oder Parmesan
Salz
Pfeffer aus der Mühle
frisch geriebene Muskatnuss
4 Eiweiß
1 Prise Salz
½ TL Backpulver

1. Die Gemüsebouillon mit den Safranfäden (oder dem Safranpulver) aufkochen. Die Hirse in einem feinmaschigen Sieb unter fließendem kaltem Wasser durchspülen, einrühren und die Hitze reduzieren. Etwa 10 Minuten leicht köcheln lassen, dann auf abgeschalteter Herdplatte rund 20 Minuten quellen lassen.
2. Die Eigelbe und den Käse darunterrühren. Mit den Gewürzen kräftig abschmecken.
3. Den Backofen auf 200 Grad vorheizen.
4. Eiweiß, Salz und Backpulver steif schlagen. Den Eischnee sorgfältig unter die Hirsemasse heben.
5. Die Masse in eine große Souffléform füllen und in der unteren Hälfte des vorgeheizten Backofens rund 30 Minuten backen.

Tipp
Dazu passen eine selbst gemachte Tomatensauce (Rezept Seite 76) und gedämpftes Saisongemüse.

HIRSEPFANNE MIT GEMÜSECURRY

200 g Hirse
600 ml Gemüsebouillon
1 mittelgroße Zwiebel
300 g Karotten
300 g gelbe Zucchini
400 g Wirz (Wirsing), ohne Strunk
2 EL kaltgepresstes Olivenöl
250–300 ml Gemüsebouillon
1–2 TL Currypulver, je nach Schärfe
150 ml Kokosmilch
Pfeffer aus der Mühle

1. Die Hirse in einem feinmaschigen Sieb unter fließendem kaltem Wasser gut durchspülen. Die Gemüsebouillon aufkochen, die Hirse einrühren und bei mittlerer Temperatur etwa 10 Minuten leicht köcheln lassen. Anschließend auf abgeschalteter Herdplatte weitere 20 Minuten quellen lassen.
2. Inzwischen die Zwiebel schälen und fein schneiden. Die Karotten schälen und in feine Scheiben schneiden. Die Zucchini in kleine Würfel schneiden und den Wirz in feine Streifen schneiden, grobe Rippen entfernen.
3. Das Olivenöl erhitzen, die Zwiebeln darin andünsten. Das Currypulver darüberstreuen. Die Karotten beifügen, kurz mitdünsten und die Gemüsebouillon dazugießen. Bei mittlerer Temperatur etwa 10 Minuten garen, dann die Zucchiniwürfel und Wirzstreifen dazugeben und weitere 10 Minuten knapp weich garen.
4. Die Kokosmilch unterrühren, mit Pfeffer und nach Bedarf mit Currypulver abschmecken.
5. Das Gemüsecurry zur gekochten Hirse geben und sorgfältig vermengen.

Varianten

Je nach frischem Marktangebot passen auch andere Gemüsesorten wie Brokkoli, Blumenkohl, Spinat ausgezeichnet.

Wenn's eilt, kann man eine ungewürzte Tiefkühlgemüsemischung verwenden. (Achtung: Fertig gewürztes Tiefkühlgemüse kann Gluten enthalten, deshalb immer die Zutatenliste prüfen.)

BUCHWEIZEN-KRÄUTERBURGER

300 ml Gemüsebouillon
150 g Buchweizen
½ kleine Zwiebel
1 kleine Karotte
2 Bund Schnittlauch
2 Eigelb
3 EL geriebener Greyerzer
3 EL glutenfreies Paniermehl
(Schär, Hammermühle oder Zwicky)
2 EL Sauerrahm
Pfeffer aus der Mühle
mildes Paprikapulver
Kräutersalz

Bratbutter zum Ausbacken

1. Die Gemüsebouillon aufkochen. Den Buchweizen in einem feinmaschigen Sieb unter fließendem kaltem Wasser durchspülen und einrühren, 10 Minuten köcheln lassen und auf abgeschalteter Herdplatte 25 Minuten quellen lassen.
2. Die Zwiebel schälen und fein hacken. Die Karotte schälen und grob raspeln. Den Schnittlauch fein schneiden. Alles zusammen mit Eigelb, Käse, Paniermehl und Sauerrahm unter den gekochten Buchweizen mischen. Mit Pfeffer, Paprika und Salz würzen.
3. Aus der Masse etwa 6 Burger formen und in wenig heißer Bratbutter auf beiden Seiten langsam goldbraun anbraten.

Tipps und Varianten

Den Käse weglassen und dafür mehr Quark verwenden.

Nach Belieben die Burger mit einer Tomatenscheibe und Raclettekäse belegen und im Backofen kurz überbacken.

Dazu passt ein frischer, knackiger Saisonsalat.

Für einen klassischen Burger ein glutenfreies Burgerbrötchen halbieren, toasten, mit Ketchup bestreichen, mit einem Salatblatt und einer Gurkenscheibe belegen und einen Buchweizenburger dazwischen legen.

PIZZOCCHERI

Teig:
200 g Buchweizenmehl (Bauckhof, Morga)
50 g Maisstärke
½ TL Salz
150–200 ml Wasser
1 Ei

100 g frischer Blattspinat
1 Zwiebel
1 Knoblauchzehe
1 EL kaltgepresstes Olivenöl
Salz
Pfeffer aus der Mühle
150 g fest kochende Kartoffeln
(z.B. Charlotte, Nicola)
100 g Karotten
1 l Gemüsebouillon
etwa 100 ml Gemüsebouillon für die Form
100 g Bündner Bergkäse

1. Alle Zutaten für den Teig in einer Schüssel mischen und mit einem Kochlöffel klopfen, bis ein glatter, geschmeidiger Teig entsteht.
2. Den Blattspinat waschen und gut abtropfen lassen. Die Zwiebel und den Knoblauch schälen, fein hacken. Beides im heißen Olivenöl andünsten. Den Spinat dazugeben, nach Bedarf etwas Wasser beifügen. Kurz dämpfen, bis der Spinat zusammengefallen ist. Mit Salz und Pfeffer würzen. Herausnehmen und beiseitestellen.
3. Die Kartoffeln und die Karotten schälen. Die Kartoffeln in 2 cm große Würfel, die Karotten in feine Scheiben schneiden. Die Gemüsebouillon erhitzen. Die Kartoffelwürfel und die Karottenscheiben hineingeben und leicht köcheln lassen.
4. Den Pizzoccheriteig auf ein großes Brett geben, etwa 7 mm dick ausrollen und mit einem Messer kleine längliche Spätzle abschneiden, direkt in die Gemüsebouillon geben und mitgaren lassen. Sobald die Spätzle obenauf schwimmen, mit einem Schaumlöffel abschöpfen. Das knapp gegarte Gemüse ebenfalls herausnehmen.
5. Den Backofen auf 150 Grad vorheizen.
6. Eine große Gratinform mit Butter einfetten, die Gemüsebouillon hineingießen. Den Käse grob reiben. Pizzoccheri, Kartoffeln, Karotten, Spinat und den geriebenen Käse lagenweise einschichten. In den vorgeheizten Backofen geben, bis der Käse geschmolzen ist.

Tipp
Die Gemüsebouillon kann für eine Suppe weiterverwendet werden.

Hinweis
Pizzoccheri ist eine typische Bündner Spezialität aus Buchweizenmehl. Je nach Region und überlieferter Familientradition wird das Rezept unterschiedlich zubereitet.

ZUCCHINI MIT QUINOAFÜLLUNG

2 große gelbe und grüne Zucchini (je 400 g)
ca. 600 ml Gemüsebouillon
100 ml trockener Weißwein
250 g Quinoa
1 Zwiebel
1 Knoblauchzehe
1 EL kaltgepresstes Olivenöl
250 g frischer Blattspinat
200 g Raclette-Käsescheiben
Salz
Pfeffer aus der Mühle

1. Die Stielenden der Zucchini wegschneiden und die Zucchini der Länge nach halbieren. Das Fruchtfleisch herausschneiden und für ein Ratatouille-Gemüse oder für eine Suppe weiterverwenden. Die ausgehöhlten Zucchini beiseitelegen.
2. Die Gemüsebouillon und den Weißwein in einer Pfanne aufkochen. Das Quinoa in einem feinmaschigen Sieb unter fließendem kaltem Wasser durchspülen und beifügen. Bei mittlerer Temperatur etwa 15 Minuten köcheln lassen. Anschließend auf abgeschalteter Herdplatte weitere 25 Minuten quellen lassen.
3. Den Backofen auf 180 Grad vorheizen.
4. Inzwischen die Zwiebel und die Knoblauchzehe schälen, fein schneiden und im heißen Olivenöl kurz mitdünsten. Blattspinat waschen, leicht abtropfen lassen und beifügen. Kurz dünsten, bis die Spinatblätter zusammenfallen. Mit Salz und Pfeffer würzen.
5. Den Spinat unter das gekochte Quinoa mischen und die Masse in die Zucchini füllen. Mit halbierten Käsescheiben belegen.
6. Die gefüllten Zucchini in eine große Gratinform legen, wenig Wasser oder Gemüsebouillon eingießen und die Form mit einer Alufolie zudecken. Im vorgeheizten Backofen etwa 40 Minuten garen.

Tipps

Die Zucchinihälften über Dampf vorgaren, so verkürzt sich die Backzeit im Ofen auf 25 Minuten.

Man kann auch tiefgekühlten ungewürzten Blattspinat verwenden.

QUINOA-GEMÜSEWICKEL

1 kleine Zwiebel
1 mittelgroße Karotte
1 kleines Stück Sellerie
1 EL kaltgepresstes Olivenöl
150 g Quinoa
300 ml Gemüsebouillon
½ Bund Petersilie
50 g Quark
50 g geriebener Parmesan
Pfeffer aus der Mühle
Meersalz
1 kleiner Wirz (Wirsing)

1. Die Zwiebel schälen und fein hacken. Die Karotte und den Sellerie schälen und fein raspeln. Das Olivenöl erhitzen und die Zwiebel darin andünsten. Das Quinoa in einem feinmaschigen Sieb unter fließendem kaltem Wasser durchspülen und zusammen mit dem Gemüse beifügen, mit der Gemüsebouillon aufgießen. Rund 15 Minuten köcheln und anschließend weitere 15 Minuten quellen lassen.
2. Die Petersilie sehr fein hacken und zusammen mit Quark und Käse unter die Quinoa-Gemüse-Masse mischen. Mit Pfeffer und Salz würzen.
3. Den Backofen auf 200 Grad vorheizen.
4. Den Strunk des Wirzes herausschneiden, die einzelnen Wirzblätter in kochendem Wasser weich kochen. Auf einem sauberen Tuch abtropfen lassen. Jeweils eine Portion von der Quinoa-Gemüse-Masse daraufgeben und das Wirzblatt zu einem Wickel aufrollen.
5. Eine Gratinform mit Butter einfetten und die Wickel hineinlegen. Mit wenig Gemüsebouillon übergießen. Im vorgeheizten Backofen rund 20 Minuten schmoren lassen.

Tipp

Dazu passt eine scharfe Tomaten-Chilisauce.

Quinoa-Gemüsewickel

Allerlei Mehlspeisen: Spätzle, Gnocchi, Crêpes und Waffeln

SPÄTZLE

Grundrezept

400 g glutenfreie Mehlmischung (Schär Mehl Farine oder Hammermühle Mehl-Mix hell)
1 TL Salz
4 Eier
250–300 ml Wasser oder halb Wasser, halb Milch
3–4 l Salzwasser

1. Mehl, Salz und Eier in eine Schüssel geben. Langsam die Flüssigkeit einrühren und mit einem Kochlöffel so lange klopfen, bis ein glatter Teig entsteht.
2. Den Backofen auf 60 Grad vorheizen und eine feuerfeste Schüssel hineinstellen.
3. Das Salzwasser in einem großen Topf zum Kochen bringen. Den Teig portionenweise durch ein Spätzlesieb direkt ins siedende Salzwasser streichen.
4. Sobald die Spätzle an die Oberfläche steigen, mit einem Schaumlöffel herausnehmen, in die vorgewärmte Schüssel geben und sofort heiß servieren.

Tipp
Geriebenen Käse, gedämpfte Zwiebelstreifen und/oder angebratene Speckwürfelchen über die Spätzle verteilen.

Variante
Für grüne Spätzle mischt man 4 Esslöffel pürierten Spinat oder fein gehackte Kräuter unter den Teig.

TOMATEN-QUARK-SPÄTZLE

250 g Magerquark
50 ml Wasser
2 EL Rapsöl
4 Eier
300 g glutenfreie Mehlmischung (Schär Mehl Farine oder Zwicky Basis Mehlmischung)
3-4 EL Tomatenkonzentrat
Salz
Pfeffer aus der Mühle
3-4 l Salzwasser

1. Magerquark, Wasser, Öl und Eier in einer Schüssel mit dem Schneebesen gut verrühren. Mit Salz und Pfeffer sehr gut würzen.
2. Das Mehl und das Tomatenkonzentrat mit dem Schneebesen kräftig unterrühren, bis keine Klümpchen mehr zu sehen sind. Mit einer Lochkelle ausgiebig klopfen, bis ein dicker, zähflüssiger Teig entsteht.
3. Den Backofen auf 60 Grad vorheizen und eine feuerfeste Schüssel hineinstellen.
4. Das Salzwasser in einem großen Topf zum Kochen bringen. Den Teig portionenweise durch ein Spätzlesieb in das siedende Salzwasser streichen.
5. Sobald die Spätzle an die Oberfläche steigen, ganz kurz ziehen lassen und mit einem Schaumlöffel herausnehmen. Gut abtropfen lassen und in die vorgewärmte Schüssel im Ofen zum Warmhalten geben. So weiterfahren, bis alle Spätzle zubereitet sind.

Tipp
Dazu passt eine würzige Käsesauce.

Hinweis
Gut abgetropft und in einem Haushaltsbeutel verpackt, lassen sich Spätzli auch tiefkühlen. Bei Bedarf auftauen lassen und in wenig Butter in einer Pfanne anbraten.

GNOCCHI MIT RAHM UND SCHINKEN

Teig:
800 g mehligkochende Kartoffeln,
z. B. Urgenta, Agria, Bintje
225 g glutenfreie Mehlmischung (Schär Mehl Farine oder Hammermühle Mehl-Mix hell oder Zwicky Basis Mehlmischung)
2 Eier
Salz
frisch geriebene Muskatnuss
Pfeffer aus der Mühle

Sauce:
150 g Schinkenwürfelchen
200 ml Rahm (Sahne)
100 g geriebener Sbrinz oder Parmesan

1 Bund Schnittlauch

1. Die Kartoffeln in der Schale im Dampf weich garen. Noch heiß schälen und durch eine Kartoffelpresse drücken. Auskühlen lassen. Das Mehl und die Eier beifügen und mit Salz, Muskatnuss und Pfeffer würzen. Alles gut zu einem Teig vermengen und etwa 20 Minuten ruhen lassen.
2. Aus dem Teig mehrere fingerdicke Rollen formen, diese in 2 bis 3 cm lange Stücke schneiden. Jedes Teigstück zu einer Kugel formen.
3. In einem großen Topf Salzwasser erhitzen. Die Gnocchi portionenweise in siedendem Salzwasser etwa 2 Minuten ziehen lassen. Sobald sie an die Wasseroberfläche steigen, mit einem Schaumlöffel herausnehmen. Leicht abtropfen lassen und in eine große vorgewärmte Schüssel geben.
4. In einer Pfanne den Rahm erhitzen, die Schinkenwürfelchen und den Käse unterrühren, leicht köcheln lassen, bis die Sauce cremig wird. Mit Salz, Pfeffer und Muskatnuss abschmecken.
5. Die Sauce über die Gnocchi verteilen. Mit geschnittenem Schnittlauch bestreuen und sofort heiß servieren.

Tipp
Statt einer Rahmsauce passt auch eine selbst gemachte Tomatensauce (Seite 76).

BÜNDNER BUCHWEIZENSPÄTZLE MIT GEMÜSE

Teig:
3 große Eier
200 ml Milch oder halb Milch, halb Wasser
1 TL Salz
Pfeffer aus der Mühle
375 g Buchweizenmehl 🔍 (Bauckhof, Morga)

200 g Karotten
150 g Knollensellerie
150 g Lauch
2 EL kaltgepresstes Olivenöl
ca. 150 ml Gemüsebouillon 🔍
½ Bund Petersilie

2 l Salzwasser
40 g geriebener Bündner Bergkäse

1. Die Zutaten für den Spätzleteig in einer Schüssel gut verrühren. Der Teig sollte dickflüssig sein. Mindestens 15 Minuten ruhen lassen.
2. Die Karotten und den Sellerie schälen und in kleine Würfelchen schneiden. Den Lauch putzen und in feine Ringe schneiden. Das klein geschnittene Gemüse im heißen Olivenöl kurz andünsten und mit der Gemüsebouillon aufgießen. Etwa 10 Minuten zugedeckt garen lassen. Die Petersilie fein hacken und daruntermischen. Nach Bedarf mit etwas Pfeffer würzen.
3. In einem großen Topf das Salzwasser erhitzen. Den Teig durch ein Spätzlesieb direkt in das siedende Salzwasser streichen oder portionenweise auf ein abgespültes Brett ausstreichen und mit einem nassen Teigschaber oder einem Messer davon feine Streifen direkt ins siedende Wasser schneiden. Sobald die Spätzle an die Oberfläche steigen, mit einem Schaumlöffel abschöpfen und auf eine vorgewärmte Servierplatte legen. So weiterfahren, bis der ganze Teig aufgebraucht ist.
4. In einer großen beschichteten Bratpfanne etwas Butter erhitzen. Die Spätzle kurz darin wenden, auf der noch warmen Servierplatte anrichten und das knapp gegarte Gemüse darüber verteilen. Mit geriebenem Käse bestreuen und sofort heiß servieren.

Bündner Buchweizenspätzle mit Gemüse

GNOCCHI AN SAFRANSAUCE

Teig:
750 g mehlig kochende Kartoffeln
(z.B. Urgenta, Agria, Bintje)
150 g glutenfreie Mehlmischung (Hammermühle Mehl-Mix hell oder Schär Mehl Farine)
ca. 100 g Ricotta
½ TL Salz
wenig frisch geriebene Muskatnuss

Safransauce:
200 ml Gemüsebouillon
100 ml Weißwein
einige Safranfäden
200 ml Rahm (Sahne)
100 g Sauerrahm
Pfeffer aus der Mühle
Salz

1. Die Kartoffeln in der Schale im Dampf weich garen. Noch heiß schälen und durch eine Kartoffelpresse drücken. Auskühlen lassen. Das Mehl und den Ricotta gut daruntermischen und mit Salz und Muskatnuss würzen. Kurz ruhen lassen.
2. Aus dem Teig fingerdicke Rollen formen und diese in 2 bis 3 cm lange Stücke schneiden. Die Teigstücke über die Zinken einer Gabel abrollen, um ihnen das typische Gnocchimuster zu geben.
3. Den Backofen auf 75 Grad vorheizen und eine feuerfeste Schüssel hineinstellen.
4. In einem großen Topf Salzwasser erhitzen und die Gnocchi portionenweise etwa 2 Minuten darin garen lassen. Sobald sie an die Oberfläche steigen, mit einem Schaumlöffel herausnehmen. Leicht abtropfen lassen und in der Schüssel im Ofen warm halten.
5. Für die Sauce Gemüsebouillon, Weißwein und Safranfäden in einer Pfanne aufkochen und auf die Hälfte einkochen lassen. Rahm und Sauerrahm darunterrühren und mit Pfeffer und Salz abschmecken. Noch einige Minuten cremig einkochen lassen.
6. Die Safransauce über die heißen Gnocchi geben und sofort servieren.

Variante
Für Spinatgnocchi gibt man 3 Esslöffel fein gehackten Spinat unter den Gnocchiteig.

Tipp
Selbst gemacht schmeckt's immer am besten! Es gibt auch fertige glutenfreie Gnocchi auf Basis von Kartoffeln, Mais, Reis oder Buchweizen (z. B. von Schär, Molino de ferro, Farabella). Diese eignen sich ausgezeichnet für den Vorrat, wenn es mal schnell gehen muss.

ÜBERBACKENE KÜRBIS-KARTOFFEL-GNOCCHI

700 g mehligkochende Kartoffeln
(z. B. Agria, Urgenta, Bintje)
200 g Kürbiswürfel (z. B. Muscade, Butternut)
ca. 150 g glutenfreie Mehlmischung (Schär Mehl Farine oder Zwicky Basis Mehlmischung oder Hammermühle Mehl-Mix hell)
1½ TL Salz
wenig frisch geriebene Muskatnuss

75 g geriebener Parmesan
100 ml Rahm (Sahne)

1. Die Kartoffeln in der Schale im Dampf weich garen. Noch heiß schälen und durch eine Kartoffelpresse drücken. Auskühlen lassen.
2. Den Kürbis im Dampfkörbchen zugedeckt weich garen. Pürieren und in einem Sieb abtropfen lassen.
3. Das Kartoffel- und das Kürbispüree mit dem Mehl gut mischen. Mit Salz und Muskatnuss würzen. Der Teig soll weich sein, jedoch nicht kleben. Kurz ruhen lassen.
4. Auf einer bemehlten Arbeitsfläche fingerdicke Teigrollen formen und diese in 2 bis 3 cm lange Stücke schneiden. Die Teigstücke über die Zinken einer Gabel abrollen, um ihnen das typische Gnocchimuster zu geben.
5. Den Backofen auf 220 Grad vorheizen.
6. In einem großen Topf Salzwasser erhitzen und die Gnocchi portionenweise etwa 2 Minuten darin garen lassen. Sobald sie an die Oberfläche steigen, mit einem Schaumlöffel herausnehmen. Leicht abtropfen lassen und in eine gebutterte flache Gratinform geben.
7. Mit dem Rahm übergießen und mit dem Käse bestreuen. Im vorgeheizten Backofen bei 220 Grad etwa 12 Minuten überbacken.

Hinweis
Je nach verwendeter Kürbissorte (mehlig oder wasserhaltig) kann der Teig unterschiedlich fest sein. Falls der Teig zu feucht ist, kein zusätzliches Mehl verwenden, sondern den Teig in einen Spritzbeutel füllen und kleine Teighäufchen direkt ins kochende Wasser spritzen. Ist er zu kompakt, wenig Wasser einarbeiten.

SPINATGNOCCHI

Als Beilage für 4 Personen

100 g tiefgekühlter Blattspinat
1 kleine Knoblauchzehe
250 ml Gemüsebouillon für den Teig
1 EL kaltgepresstes Olivenöl
150 g glutenfreie Mehlmischung
(Hammermühle Mehl-Mix hell)
2 Eier
ca. 200 g gekochte Kartoffeln
75 g geriebener Parmesan
1 l Gemüsebouillon zum Garkochen

etwas Butter und Parmesan zum Anrichten

1. Den Spinat auftauen lassen, gut ausdrücken und mit einem Messer fein hacken. In eine große Schüssel geben. Den Knoblauch schälen und dazupressen.
2. Die Gemüsebouillon und das Olivenöl in einem Topf aufkochen. Das Mehl im Sturz in die Flüssigkeit geben und bei großer Hitze rund 2 Minuten sehr kräftig zu einem Teig rühren. Den Topf vom Herd nehmen und den Teig etwas auskühlen lassen.
3. Die Eier nacheinander kräftig darunterrühren. Die Kartoffeln schälen und auf der Bircherreibe fein dazureiben. Den Spinat zusammen mit dem Käse beifügen und alles gut vermengen.
4. Aus dem Teig fingerdicke Rollen formen und diese in 2 bis 3 cm lange Stücke schneiden. Die Teigstücke über die Zinken einer Gabel abrollen, um ihnen das typische Gnocchimuster zu geben.
5. Die Gemüsebouillon in einem großen Topf aufkochen. Die Gnocchi portionenweise etwa 2 Minuten darin garen lassen. Sobald sie an die Oberfläche steigen, mit einem Schaumlöffel herausnehmen und in eine vorgewärmte Schüssel geben.
6. Zum Anrichten die Gnocchi mit heißer, flüssiger Butter übergießen und wenig geriebenen Parmesan darüberstreuen.
Sofort heiß servieren.

CRÊPES-TEIG

Grundrezept

Für ca. 6 Stück, je nach Pfannengröße

3 Eier
300 ml Milch
100 g glutenfreie Mehlmischung (Hammermühle Mehl-Mix hell oder Zwicky Basis Mehlmischung oder Schär Mehl Farine oder Bauckhof Mehl-Mix Universal)
1 EL Öl
½ TL Salz

wenig Öl zum Ausbacken

1. Die Eier und die Milch mit dem Schneebesen gut verrühren. Das Mehl kräftig einrühren, sodass sich keine Klümpchen bilden. Das Öl und das Salz beifügen und nochmals gut rühren. Den Teig zugedeckt 15 Minuten stehen lassen.
2. In einer beschichteten Bratpfanne wenig Öl nicht zu stark erhitzen. Aus dem Teig etwa 6 dünne Crêpes ausbacken. Bis zur weiteren Verwendung warm halten.

Tipp zum Warmhalten

Wasser in einem Topf zum Kochen bringen, einen großen Teller oder eine Platte daraufstellen und die ausgebackenen Crêpes darauflegen. Mit einer Folie zudecken. Die Temperatur reduzieren. Der Wasserdampf hält die Crêpes heiß. Durch das Zudecken bleiben sie schön weich und lassen sich anschließend gut einrollen oder falten.

Variante für süße Crêpes

Unter den Teig zusätzlich 1 bis 2 Esslöffel Zucker rühren.

CRÊPES-SCHNECKEN MIT LACHSFÜLLUNG

Teig:
3 Eier
150 ml Mineralwasser
150 ml Milch
1 EL Öl
100 g glutenfreie Mehlmischung (Schär Mehl Farine oder Finax Universalmehl oder Zwicky Basis Mehlmischung oder Bauckhof Mehl-Mix Universal)
½ TL Salz

Füllung:
200 g geräucherter Lachs aus Wildfang
300 g Sauerrahm
100 g Magerquark
2 TL geriebener Meerrettich aus dem Glas
1 Bund Dill
Pfeffer aus der Mühle
Salz

wenig Öl zum Ausbacken

1. Die Zutaten für den Crêpes-Teig mit dem Schneebesen gut verrühren und zugedeckt mindestens 30 Minuten stehen lassen.
2. Den Lachs fein hacken und mit Sauerrahm, Quark und Meerrettich gut vermischen. Den Dill sehr fein schneiden und daruntermischen. Mit Pfeffer und wenig Salz abschmecken.
3. In einer beschichteten Bratpfanne wenig Öl nicht zu stark erhitzen. Aus dem Teig etwa 10 Crêpes ausbacken und auskühlen lassen.
4. Die Crêpes mit der Lachsfüllung bestreichen, einrollen und die Rollen in kleine Stücke (Schnecken) schneiden.

Tipp

Zusammen mit Gemüsestengelchen und einem Quark-Kräuterdipp als kleine Vorspeise oder zum Aperitif servieren.

Variante

Als Füllung eignet sich auch ein Kräuterfrischkäse mit Quark und fein geschnittenem Schnittlauch.

BUCHWEIZEN-KASTANIEN-PFANN-KUCHEN MIT GEMÜSEFÜLLUNG

Teig:
250 ml Milch
150 ml Wasser
2 Eier
150 g Buchweizenmehl (Bauckhof, Morga)
50 g Kastanienmehl (Hammermühle Bauckhof, Morga)
1 EL Öl
½ TL Salz

Füllung:
1 kleine Zwiebel
600 g gemischtes Saisongemüse, z. B. Karotten, Kürbis, Sellerie, Wirz (Wirsing)
2 EL kaltgepresstes Olivenöl
ca. 100 ml Gemüsebouillon
2 EL gehackte Petersilie
Pfeffer aus der Mühle
Salz

wenig Öl zum Ausbacken

1. Die Zutaten für die Pfannkuchen mit dem Schneebesen gut verrühren und zugedeckt mindestens 30 Minuten stehen lassen.
2. Die Zwiebel schälen und fein schneiden. Das Gemüse putzen, schälen und schneiden.
3. Zuerst die Zwiebel, dann die Gemüsewürfelchen im heißen Olivenöl andünsten. Wenig Gemüsebouillon angießen und bei milder Temperatur knapp weich garen. Die gehackte Petersilie beifügen und mit Pfeffer und Salz würzen.
4. In einer beschichteten Bratpfanne wenig Öl nicht zu stark erhitzen. Den Teig nochmals aufrühren und daraus etwa 6 Pfannkuchen ausbacken.
5. Die Pfannkuchen mit dem Mischgemüse füllen, einrollen und heiß servieren.

Variante

Tomaten-, Mozzarella- und Schinkenwürfelchen mit Salz, Pfeffer und italienischer Kräutermischung würzen. Die Pfannkuchen damit belegen, einrollen und im Backofen bei 180 Grad überbacken, bis der Mozzarella geschmolzen ist.

CRÊPES MIT SPINAT-FETA-FÜLLUNG

Crêpes-Teig nach Grundrezept

Füllung:
700 g frischer Blattspinat
1 Zwiebel
2 Knoblauchzehen
2 EL kaltgepresstes Olivenöl
150 g Feta
2 kleine Tomaten
Pfeffer aus der Mühle
Salz

wenig Öl zum Ausbacken

1. Den Crêpes-Teig nach Grundrezept zubereiten. Zugedeckt etwa 15 Minuten stehen lassen.
2. Den Blattspinat waschen, grobe Stiele entfernen und den Spinat abtropfen lassen.
3. Zwiebel und Knoblauch schälen, fein hacken und im heißen Olivenöl andünsten. Den Blattspinat beifügen und einige Minuten bei milder Temperatur dünsten, bis die Spinatblätter zusammengefallen sind. Gut abtropfen lassen und beiseitestellen.
4. Den Feta und die Tomaten in kleine Würfelchen schneiden und mit dem Spinat mischen. Mit Pfeffer und Salz mild abschmecken.
5. In einer beschichteten Bratpfanne wenig Öl nicht zu stark erhitzen. Aus dem Teig dünne Crêpes ausbacken und warm stellen.
6. Die Crêpes mit der Spinatmasse belegen und zweimal falten. Sofort heiß servieren.

Crêpes mit Spinat-Feta-Füllung

BUCHWEIZEN-PFANNKUCHEN MIT HACKFLEISCHFÜLLUNG

Pfannkuchen:
100 g Buchweizenmehl (Bauckhof, Morga)
100 g glutenfreie Mehlmischung (Schär Mehl Farine oder Hammermühle Mehl-Mix hell)
400 ml Milch
2 Eier
Pfeffer aus der Mühle
Salz

Füllung:
1 große Zwiebel
2–3 Knoblauchzehen
500 g Rindshackfleisch
2 EL kaltgepresstes Olivenöl
350 g Dosentomaten (Pelati)
2 mittelgroße Karotten
150 ml Rotwein
1 Bund Basilikum
1 Lorbeerblatt
Pfeffer aus der Mühle
Salz

wenig Öl zum Ausbacken

1. Die beiden Mehle, Milch und Eier zu einem Pfannkuchenteig rühren und mit Pfeffer und Salz würzen. Zugedeckt 30 Minuten ruhen lassen.
2. Die Zwiebel und den Knoblauch fein hacken. Zusammen mit dem Hackfleisch im heißen Olivenöl anbraten. Die Tomaten beifügen. Die Karotten schälen und auf der Bircherreibe fein dazureiben. Mit dem Rotwein aufgießen und köcheln lassen.
3. Das fein geschnittene Basilikum und das Lorbeerblatt beifügen und während mindestens 30 Minuten bei milder Temperatur weiter köcheln lassen. Das Lorbeerblatt entfernen und mit Pfeffer und Salz abschmecken.
4. In einer beschichteten Bratpfanne wenig Öl nicht zu stark erhitzen. Aus dem Teig etwa 6 Pfannkuchen ausbacken. Die Pfannkuchen mit dem Hackfleisch füllen und zusammenklappen. Sofort heiß servieren.

PIKANTE WAFFELN
Grundrezept

Für 8 Waffeln von je 14 cm Durchmesser

200 g glutenfreie Mehlmischung (Schär Mehl Farine oder Hammermühle Mehl-Mix hell oder Zwicky Basis Mehlmischung)
½ TL Salz
3 Eier
300 ml Milch

nach Bedarf wenig Bratbutter zum Einfetten

1. Für den Teig sämtliche Zutaten in einer Schüssel mit Hilfe eines Handrührgeräts gut verrühren.
2. Das Waffeleisen erhitzen, die Waffelfläche nach Bedarf mit ganz wenig Bratbutter einfetten. Die Teigmasse portionenweise darauf verteilen und bei mittlerer Hitze etwa 8 goldbraune Waffeln ausbacken.

Tipp
Die Waffeln eignen sich auch als Apérohäppchen. Dazu die Waffeln in kleinere Stücke schneiden und z. B. mit Kräuterfrischkäse bestreichen oder mit Rauchlachs oder Rohschinken belegen.

Varianten
Nach Belieben fein gehackte Petersilie, fein geschnittener Schnittlauch oder eine gepresste Knoblauchzehe unter den Waffelteig rühren.

Buchweizen-Pfannkuchen mit Hackfleischfüllung

SÜSSE WAFFELN

Grundrezept

Für ca. 6 runde Waffeln von je 14 cm Durchmesser

100 g weiche Butter
4 EL Zucker
1 TL Vanillezucker
2 Eigelb
4 EL Milch oder Rahm (Sahne)
120 g glutenfreie Mehlmischung (Schär Kuchen & Kekse oder Bauckhof Mehl-Mix Universal)
2 Eiweiß
1 Prise Salz

nach Bedarf wenig Bratbutter zum Einfetten
Puderzucker zum Bestäuben

1. In einer Schüssel zuerst die weiche Butter mit den Rührhaken eines Handrührgeräts schön cremig rühren. Zucker, Eigelb und Milch (oder Rahm) beifügen und weiterrühren, bis die Masse heller wird.
2. Das Mehl unterrühren. Das Eiweiß mit dem Salz steif schlagen. Den Eischnee locker unter die Masse ziehen.
3. Das Waffeleisen erhitzen, die Waffelflächen nach Bedarf leicht mit Bratbutter einfetten. Je nach Größe der Waffelfläche 2 bis 3 Esslöffel Masse in die Mitte der Fläche legen, leicht ausstreichen, das Waffeleisen schließen und bei mittlerer Temperatur Waffeln ausbacken.
4. Mit dem restlichen Teig gleich verfahren. Die fertigen Waffeln mit etwas Puderzucker bestäuben.

Tipps

Die Waffeln schmecken frisch und noch lauwarm einfach köstlich! Dazu passen geschlagener Rahm, Fruchtkompott, selbst gemachtes Apfelmus oder eine feine Vanillecreme (Seite 106).

RHABARBERKOMPOTT

1 Vanilleschote
150 ml Wasser
150 g Zucker
750 g klein geschnittener Rhabarber

1. Die Vanilleschote der Länge nach aufschneiden, das Mark ausschaben und zusammen mit der aufgeschnittenen Schote, Wasser und Zucker in einer Pfanne aufkochen. Etwa auf die Hälfte einkochen lassen.
2. Die Rhabarberstücke dazugeben, knapp weich köcheln lassen. Die Vanilleschote entfernen.

ZWETSCHGENKOMPOTT

750 g Zwetschgen
50 ml Wasser
50 g Zucker
1 TL Zimtpulver

Die Zwetschgen halbieren, entsteinen und in Viertel schneiden. Die Fruchtviertel mit Wasser, Zucker und Zimt in einer Pfanne zugedeckt etwa 10 Minuten knapp weich köcheln lassen.

APFELKÜCHLEIN MIT VANILLE-CREME

Ausbackteig:
150 g glutenfreie Mehlmischung
(Schär Kuchen & Kekse oder Hammermühle Mehl-Mix hell oder Zwicky Basis Mehlmischung oder Bauckhof Mehl-Mix Universal)
½ TL Salz
200 ml Wasser oder Apfelsaft (mit Kohlensäure)
3 Eigelb
1 EL Öl

5 große säuerliche Äpfel, z. B. Boskop
1 EL Zucker
Saft von 1 Zitrone
3 Eiweiß

Frittieröl zum Ausbacken

100 g Zucker
1 TL Zimtpulver

1. Mehl, Salz, Wasser (oder Apfelsaft), Eigelb und Öl zu einem glatten Teig rühren. Bei Zimmertemperatur zugedeckt 30 Minuten stehen lassen.
2. Die Äpfel schälen, das Kerngehäuse mit einem Apfelausstecher entfernen. Die Äpfel in 1 cm dicke Scheiben schneiden. Mit Zitronensaft beträufeln und mit etwas Zucker bestreuen.
3. Ausreichend Frittieröl in einer Bratpfanne mit hohem Rand oder in der Fritteuse auf 180 Grad erhitzen.
4. Das Eiweiß sehr steif schlagen und sorgfältig unter den Teig heben.
5. Die Apfelscheiben in den Teig tauchen, kurz abtropfen lassen und im Öl bei 180 Grad etwa 5 Minuten beidseitig goldgelb ausbacken. Herausnehmen und auf Haushaltpapier abtropfen lassen. Zucker und Zimtpulver mischen und die heißen Apfelküchlein darin wenden. Noch warm mit Vanillecreme servieren.

Variante
Auch andere Früchte, z. B. Birnen- oder Ananasscheiben, lassen sich auf diese Weise ausbacken.

VANILLECREME

1 EL Maisstärke
600 ml Milch
3 EL Zucker
3 Eier
1 Vanilleschote

1. Die Maisstärke mit etwas Milch in einem Topf auflösen. Die restliche Milch dazugießen. Den Zucker und die Eier beifügen und mit dem Schneebesen gut verrühren.
2. Die Vanilleschote längs aufschneiden. Das Mark mit einem Messerrücken herausschaben und zusammen mit der Schote beifügen.
3. Unter ständigem Rühren bis zum Kochen bringen. Die Pfanne sofort vom Herd nehmen, die Creme in eine Schüssel gießen und auskühlen lassen.
4. Die Vanilleschote vor dem Servieren entfernen.

Tipp
Die Creme darf nicht kochen. Sobald die ersten Bläschen an die Oberfläche steigen und die Masse dickflüssig wird, die Pfanne vom Herd nehmen und die Creme in eine Schüssel gießen.

APRIKOSENKNÖDEL

Teig:
500 g Kartoffeln
160 g glutenfreie Mehlmischung (Bauckhof Mehl-Mix Universal oder Schär Mehl Farine)
30 g weiche Butter
2 kleine Eier
1 Prise Salz

50 g Butter
100 g glutenfreies Paniermehl (Schär, Hammermühle, Zwicky)
4 EL Zucker
1 EL Bourbon-Vanillezucker

ca. 10 große, schöne Aprikosen
ca. 10 Würfelzucker

1. Die Kartoffeln im Dampf garen und noch warm schälen. Direkt in eine Schüssel fein reiben und mit Mehl, Butter, Eiern und Salz gut verkneten. Den Teig etwa 30 Minuten ruhen lassen.
2. Die Aprikosen einschneiden und den Stein entfernen. Mit einem Würfelzucker füllen.
3. In einer beschichteten Bratpfanne die Butter leicht erhitzen und das Paniermehl kurz darin rösten. In eine kleine flache Schüssel geben.
4. Den Teig in 10 gleich große Stücke teilen. Mit leicht bemehlten Händen jedes Teigstück rund formen und flach drücken. Eine gefüllte Aprikose mit dem Teig umwickeln und den Teig rundherum gut verschließen.
5. Einen großen Topf Salzwasser zum Kochen bringen und die Knödel portionenweise hineingeben (nur darin ziehen lassen, nicht kochen). Sobald sie an die Oberfläche steigen, noch 1 Minute ziehen lassen. Mit einem Schaumlöffel herausnehmen und abtropfen lassen.
6. Die Knödel im Paniermehl wenden und mit vanilliertem Zucker bestreuen.

ZWETSCHGENKNÖDEL

Teig:
250 g Magerquark
250 g glutenfreie Mehlmischung (Bauckhof Mehl-Mix Universal oder Schär Mehl Farine oder Hammermühle Mehl-Mix hell)
60 g weiche Butter
1 Ei
1 Prise Salz

100 g geriebene Haselnüsse
5 EL Zucker
1 EL Zimtpulver gemischt

ca. 15 große schöne Zwetschgen
ca. 15 Würfelzucker

1. Quark, Mehl, Butter, Ei und Salz in eine Schüssel geben und alles gut verkneten. Den Teig etwa 15 Minuten ruhen lassen.
2. Die Zwetschgen einschneiden, den Stein entfernen und mit einem Würfelzucker füllen.
3. Den Teig in 15 gleich große Stücke teilen. Mit leicht bemehlten Händen jedes Teigstück rund formen und flach drücken. Eine gefüllte Zwetschge mit dem Teig umwickeln und den Teig rundherum gut verschließen.
4. Einen großen Topf Salzwasser zum Kochen bringen und die Knödel portionenweise hineingeben (nur darin ziehen lassen, nicht kochen). Sobald sie an die Oberfläche steigen, noch 1 Minute ziehen lassen. Mit einem Schaumlöffel herausnehmen und abtropfen lassen.
5. Haselnüsse, Zucker und Zimtpulver vermischen. Die noch feuchten Knödel darin wenden. Die Panade leicht andrücken.

Aprikosenknödel

SCHNELLE SAUCEN OHNE MEHL

WEISSE SAUCE

400 ml Milch
1 gehäufter TL Maisstärke
1 TL Kräutersalz
Pfeffer aus der Mühle
Paprika oder frisch geriebene Muskatnuss
2 EL geriebener Sbrinz oder Parmesan
nach Belieben 2 EL Rahm (Sahne) und einige Butterflocken

1. Die Milch mit der Maisstärke in eine Pfanne geben. Mit dem Schneebesen gründlich verrühren, sodass sich keine Klümpchen bilden. Mit Salz, Pfeffer und Paprika (oder Muskatnuss) würzen.
2. Kurz aufkochen und rühren, bis die Sauce andickt. Vom Herd nehmen. Den Käse unterrühren.
3. Nach Belieben mit Rahm und einigen Butterflocken verfeinern.

SENFSAUCE

1 kleine Zwiebel, sehr fein gehackt
1 EL Butter
100 ml trockener Weißwein
100 ml Gemüsebouillon
1 EL körniger Senf
1 EL milder Senf
200 ml Rahm (Sahne)
Salz
Pfeffer aus der Mühle

1. Die Zwiebel in der Butter andünsten. Den Weißwein und die Gemüsebouillon beifügen, aufkochen und zur Hälfte einkochen lassen.
2. Den körnigen und milden Senf sowie den Rahm unterrühren und bei mittlerer Temperatur so lange köcheln lassen, bis die Sauce leicht andickt. Mit Salz und Pfeffer abschmecken.

SAFRANSAUCE

200 ml Gemüsebouillon
100 ml Weißwein
einige Safranfäden
200 ml Rahm (Sahne)
100 g Sauerrahm
Pfeffer aus der Mühle
Salz

1. Gemüsebouillon, Weißwein und Safranfäden in einer Pfanne aufkochen und auf die Hälfte einkochen.
2. Den Rahm und den Sauerrahm darunterrühren und mit Pfeffer und Salz abschmecken. Noch einige Minuten cremig einkochen lassen.

KÜRBISSAUCE

150 g Kürbisfleisch, klein gewürfelt
½ kleine Zwiebel, fein gehackt
1–2 EL Currypulver
2 EL kaltgepresstes Olivenöl
50 ml Gemüsebouillon
200 ml Rahm (Sahne)
Salz
Pfeffer aus der Mühle

1. Die Kürbiswürfelchen, Zwiebel und Currypulver im heißen Olivenöl andünsten. Die Gemüsebouillon dazugeben und etwa 10 Minuten köcheln lassen.
2. Mit dem Pürierstab pürieren und den Rahm darunterrühren.
3. Mit Pfeffer und Salz abschmecken und cremig einkochen lassen.

KRÄUTERSAUCE

300 ml Rahm (Sahne)
100 ml Gemüsebouillon
2 EL Sauerrahm
1 Bund frische Kräuter, z. B. Basilikum, Petersilie oder Kerbel
Salz
Pfeffer aus der Mühle

1. Den Rahm und die Gemüsebouillon in einer kleinen Pfanne aufkochen. Die Kräuter fein schneiden und beifügen. Auf die Hälfte einkochen lassen.
2. Mit dem Pürierstab pürieren und den Sauerrahm darunter rühren. Mit Pfeffer und Salz abschmecken.

CURRYSAUCE

150 ml Gemüsebouillon
1 TL Maisstärke
100 ml Rahm (Sahne)
2–3 TL Currypulver
½–1 kleine Banane
Salz
Pfeffer aus der Mühle

1. Die Gemüsebouillon aufkochen. Die Maisstärke mit dem Rahm gut verrühren und zur Gemüsebouillon geben. Das Currypulver darunterrühren.
2. Die Banane schälen, mit einer Gabel sehr fein zerdrücken und daruntermischen.
3. Alles nochmals aufkochen und mit Salz und Pfeffer abschmecken.

PILZSAUCE

500 g Champignons, in feine Scheiben geschnitten
1 Zwiebel, sehr fein gehackt
2 EL kaltgepresstes Olivenöl
50 ml trockener Weisswein
200 ml Rahm (Sahne)
Salz
Pfeffer aus der Mühle
nach Bedarf ½ TL Maisstärke
½ Bund gehackte Petersilie

1. Die Pilze und die Zwiebel im heißen Olivenöl anbraten, die Pfanne immer wieder kräftig schütteln. Den Weißwein angießen und köcheln lassen. Mit Salz und Pfeffer kräftig würzen.
2. Den Rahm dazugeben und so lange köcheln lassen, bis eine sämige Sauce entsteht. Nach Bedarf die Sauce mit etwas Maisstärke binden.
3. Am Schluss die gehackte Petersilie daruntermischen.

Variante
Champignons durch gemischte Pilze ersetzen.

Kuchen und Gebäck mit glutenfreiem Mehl

BISKUITROLLE MIT HIMBEEREN

Teig:
5 Eigelb
100 g Zucker
2 EL heißes Wasser
1 unbehandelte Zitrone, abgeriebene Schale
5 Eiweiss
1 Prise Salz
100 g glutenfreie Mehlmischung
(Bauckhof Mehl-Mix Kuchen oder
Schär Kuchen & Kekse)
½ TL Backpulver

Füllung:
500 ml Rahm (Sahne)
2 Beutel Rahmhalter
2 TL Bourbon-Vanillezucker
2 EL Zucker
250 g Himbeeren

2 EL Puderzucker zum Bestäuben
einige schöne Himbeeren zur Dekoration

1. Ein großes Backblech leicht einfetten und mit Backpapier belegen, sodass dieses haften bleibt. Den Backofen auf 220 Grad vorheizen.
2. Für den Teig die Eigelbe, Zucker, heißes Wasser und abgeriebene Zitronenschale in einer Schüssel mit der Küchenmaschine oder dem Handrührgerät gründlich zu einer schaumigen, hellen Masse rühren.
3. Das Eiweiß mit dem Salz in einer großen Schüssel zu Schnee schlagen. Das Mehl und das Backpulver mischen und abwechslungsweise mit dem Eischnee sorgfältig unter die Eigelb-Zuckermasse ziehen.
4. Die Masse gleichmäßig auf dem Backpapier ausstreichen und sofort in der Mitte des vorgeheizten Backofens knapp 8 Minuten backen. Das Biskuit darf nur leicht gebräunt sein.
5. Das Biskuit auf ein zweites Backpapier stürzen, das obere Papier sorgfältig abziehen und das Biskuit mit dem noch heißen Blech zudecken. Auskühlen lassen.
6. Für die Füllung den Rahm zuerst kurz aufschlagen, dann Rahmhalter, Vanillezucker und Zucker beifügen und fest schlagen. Den Schlagrahm gleichmäßig auf dem Biskuit verstreichen und die Himbeeren darauf verteilen. Das Biskuit sorgfältig einrollen, die Enden abschneiden.
7. Für 1 Stunde kühl stellen. Kurz vor dem Servieren die Rolle mit Puderzucker bestäuben und mit einigen Himbeeren dekorieren.

Variante
Die Himbeeren durch klein geschnittene Erdbeeren ersetzen.

Tipp
Für einen Biskuitteig benötigt man nur wenig Mehl, deshalb kann man statt einer glutenfreien Mehlmischung auch Reismehl (z. B. Bauckhof, Morga) verwenden.

SCHWARZWÄLDERTORTE

80 g dunkle Schokolade,
mind. 55 % Kakaoanteil
3 Eigelb
80 g Zucker
100 g glutenfreie Mehlmischung (Bauckhof Mehl-Mix Kuchen oder Schär Kuchen & Kekse oder Hammermühle Mehl-Mix hell)
1 TL Backpulver
3 Eiweiß
1 Prise Salz
100 g eingelegte Sauerkirschen ohne Stein
nach Belieben 2 EL Kirsch und 2 EL Wasser
300–400 ml Rahm (Sahne)
Schokoladenspäne zum Garnieren

1. Die Schokolade in kleine Stücke brechen, in eine kleine Schüssel geben und mit kochendem Wasser übergießen. Stehen lassen, bis die Schokolade weich ist, nicht rühren. Das Wasser bis auf einen kleinen Rest abgießen, gut verrühren.
2. Die Eigelbe und den Zucker in einer Schüssel zu einer hellen, schaumigen Masse rühren. Die flüssige Schokolade darunterrühren.
3. Den Backofen auf 200 Grad vorheizen. Eine Springform (22–24 cm Durchmesser) leicht einfetten und mit Backpapier auslegen.
4. Das Eiweiß mit dem Salz zu Schnee schlagen und zusammen mit dem Mehl und dem Backpulver sorgfältig unter die Masse ziehen.
5. Die Masse in die Springform füllen und glatt streichen. Im vorgeheizten Backofen etwa 20 Minuten backen. Leicht auskühlen lassen und aus der Form nehmen. Vollständig auskühlen lassen.
6. Mit Hilfe einer Küchenschnur die Torte waagrecht in der Mitte durchtrennen. Die eine Hälfte auf eine Tortenplatte legen und nach Belieben mit dem Kirsch und Wasser beträufeln.
7. Den Rahm sehr steif schlagen. Mit zwei Dritteln Schlagrahm den Tortenboden gleichmäßig bestreichen. Die Sauerkirschen darauf verteilen und die zweite Biskuithälfte aufsetzen. Den Tortendeckel und den Rand mit dem restlichen Schlagrahm bestreichen, mit Sauerkirschen und Schokoladenspänen garnieren. Vor dem Servieren kühl stellen.

Einfachere Variante
Eine größere Springform (30 cm Durchmesser) verwenden. Die Backzeit um etwa 15 Minuten reduzieren. Die fertig gebackene Torte nach Belieben mit Kirsch und Wasser beträufeln und den geschlagenen Rahm darauf verstreichen. Mit Sauerkirschen und Schokoladenspänen garnieren. Kühl stellen.

Küchentipp
Zum Halbieren des Biskuits mit einem Messer in der Mitte des Biskuitrands rundherum etwa 2 cm tief einschneiden. Einen dicken reißfesten Nähfaden in die Kerbe legen und die Fadenenden vorne überkreuzen und langsam zusammenziehen, bis das Biskuit durchtrennt ist.

GRUNDREZEPTE FÜR MÜRBETEIG

Diese Grundteige eignen sich für alle Teigböden von süßen und pikanten Kuchen, Quiches und Wähen, wie Gemüsekuchen, Käsequiches oder Fruchtwähen u. a.

BAUCKHOF MEHL-MIX UNIVERSAL

240 g glutenfreie Mehlmischung (Bauckhof Mehl-Mix Universal)
1 Prise Salz
125 g kalte Butter
80 g Magerquark
2 Eigelb

1. Mehl und Salz in einer Schüssel vermischen. Die Butter in kleine Stückchen schneiden und mit dem Mehl zwischen den Händen krümelig verreiben.
2. Quark und Eigelbe beifügen und alles rasch zu einem Teig zusammenfügen.

MÜRBETEIG MORGA ZOPFMEHL-MIX

250 g glutenfreie Mehlmischung (Morga Zopfmehl-Mix)
1 Prise Salz
60 g kalte Butter
50 g Magerquark
1 Ei
ca. 8 EL Wasser

1. Mehl und Salz in einer Schüssel mischen. Die Butter in kleine Stückchen schneiden und mit dem Mehl zwischen den Händen krümelig verreiben.
2. Quark, Ei und Wasser beifügen und alles rasch zu einem geschmeidigen Teig zusammenfügen.

Tipps für die Teigherstellung

- Immer kalte Butter verwenden.
- Einen Teil der Butter durch (Mager-)Quark ersetzen. Das macht den Teig fettärmer und feuchter.
- Mürbeteig sollte immer schön feucht und geschmeidig sein. Ist er zu trocken oder zu fest, noch mehr Wasser oder Quark beigeben.
- Für süßen Mürbeteig mischt man noch 2 bis 3 Esslöffel Zucker unter das Mehl.
- Abgeriebene Zitronen- oder Orangenschale geben dem süßen Mürbeteig eine angenehme Note.
- Mürbeteig nicht kneten, sondern Zutaten möglichst rasch zu einem geschmeidigen Teig zusammenfügen.
- Den fertig zubereiteten Teig zu einer Kugel formen, flach drücken und in einen Haushaltsbeutel oder in Klarsichtfolie verpackt für ca. 1 Stunde kühl stellen.
- Um ein Kleben beim Ausrollen zu vermeiden, den Teig mit Hilfe des aufgeschnittenen Haushaltsbeutels oder der Klarsichtfolie auf einem Backpapier oder einer Silikonmatte ausrollen.
- Die Teigmenge reicht für ein Backblech von ca. 28 bis 30 cm Durchmesser.
- Ausgerollter Mürbeteig lässt sich gut tiefkühlen und bei Bedarf auftauen.

Hinweis Xanthan

Ein gestrichener (!) Teelöffel Xanthan auf 250 Gramm Mehl macht den Mürbeteig noch besser formbar; er klebt weniger, wird weicher und elastischer. Dieses Binde- und Verdickungsmittel (E 415) setzt die Lebensmittelindustrie in vielen Produkten ein. Xanthan bzw. Xanthan Gum ist als Pulver erhältlich und sollte genau dosiert sein, sonst kann der Teig »gummig« und zäh werden.

SCHÄR MEHL FARINE (SÜSS)

200 g glutenfreie Mehlmischung
(Schär Mehl Farine)
50 g Zucker
1 Prise Salz
60 g kalte Butter
80 g Magerquark
1 Ei

1. Mehl, Zucker und Salz in einer Schüssel vermischen.
2. Die Butter in kleine Stückchen schneiden und mit dem Mehl zwischen den Händen krümelig verreiben.
3. Quark und Ei beifügen und rasch zu einem Teig zusammenfügen.

Variante
Für ein pikantes Rezept, zum Beispiel Gemüse-, Pilz-, Käse- oder Fleischkuchen, lässt man den Zucker im Grundteig weg.

ZWICKY BASIS MEHLMISCHUNG

225–250 g glutenfreie Mehlmischung
(Zwicky Basis Mehlmischung)
1 Prise Salz
50 g kalte Butter
1 Ei
2 EL Magerquark
Wasser bei Bedarf

1. Mehl und Salz in einer Schüssel mischen. Die Butter in kleine Stückchen schneiden und mit dem Mehl zwischen den Händen krümelig verreiben.
2. Ei und Magerquark und nach Bedarf etwas Wasser dazugeben und alles rasch zu einem Teig zusammenfügen.

HAMMERMÜHLE MEHL-MIX HELL

250 g glutenfreie Mehlmischung
(Hammermühle Mehl-Mix hell)
1 Prise Salz
100 g Butter
1 Ei
3 EL Joghurt nature
etwas Essig
Wasser bei Bedarf

1. Mehl und Salz in einer Schüssel vermischen. Butter in kleine Stückchen schneiden und mit dem Mehl zwischen den Händen krümelig verreiben.
2. Ei, Joghurt und Essig dazugeben und alles rasch zu einem geschmeidigen Teig zusammenfügen. Nach Bedarf etwas Wasser beifügen.

FINAX UNIVERSALMEHL

200 g glutenfreie Mehlmischung
(Finax Universalmehl)
1 Prise Salz
50 g kalte Butter
1 Ei
etwa 3 EL Milch

1. Mehl und Salz in einer Schüssel vermischen. Butter in kleine Stückchen schneiden und mit dem Mehl zwischen den Händen krümelig verreiben.
2. Ei und Milch dazugeben und alles rasch zu einem geschmeidigen Teig zusammenfügen.

ZUCCHINIWÄHE

Zucchinikuchen

1 Portion Mürbeteig, Grundrezept Seite 118f.

Belag:
50 g geriebener Greyerzer
1 große Zwiebel
2–3 Knoblauchzehen
500 g kleine Zucchini
2 EL kaltgepresstes Olivenöl
Salz
Pfeffer aus der Mühle
einige Blätter Basilikum

Guss:
2 Eier
150 ml Rahm (Sahne)
Salz
Pfeffer aus der Mühle
frisch geriebene Muskatnuss

1. Den Teig nach Grundrezept zubereiten. Auf einem Backpapier ausrollen und mit dem Papier in ein rundes Backblech (28 cm Durchmesser) legen. Den Teigboden mit einer Gabel mehrmals einstechen und mit dem Käse bestreuen. Kühl stellen.
2. Die Zwiebel und den Knoblauch schälen und fein hacken. Die Enden der Zucchini kappen, die Zucchini auf der Röstireibe grob raspeln oder in 2 bis 3 mm feine Scheiben schneiden.
3. In einer großen Bratpfanne das Olivenöl erhitzen. Zuerst Zwiebel und Knoblauch, danach die Zucchini darin andünsten. Fein geschnittenes Basilikum beifügen und mit Salz und Pfeffer würzen.
4. Den Backofen auf 200 Grad vorheizen.
5. Für den Guss Eier und Rahm mit dem Schneebesen gut verrühren und mit Salz, Pfeffer und Muskatnuss kräftig würzen.
6. Die gut abgetropften Zucchini mit dem Guss sorgfältig vermengen und auf den Teigboden geben. In der unteren Hälfte des vorgeheizten Backofens etwa 35 bis 40 Minuten backen.

GEMÜSEWÄHE

Gemüsekuchen

1 Portion Mürbeteig, Grundrezept Seite 118f.

Belag:
ca. 750 g gemischtes Gemüse, z. B. rote und gelbe Karotten, Zucchini, Sellerie
1 Zwiebel
1–2 EL kaltgepresstes Olivenöl
50–100 ml Gemüsebouillon

Guss:
2 Eier
200 ml Rahm (Sahne)
3 EL geriebener Parmesan
Salz
Pfeffer aus der Mühle
frisch geriebene Muskatnuss

1. Den Teig nach Grundrezept zubereiten. Zwischen zwei Lagen Backpapier ausrollen und ein rundes, gebuttertes Backblech (28 cm Durchmesser) damit belegen. Den Teigboden mit einer Gabel mehrmals einstechen. Kühl stellen.
2. Das Gemüse je nach verwendeter Sorte schälen, in kleine Würfel, Scheiben oder Stengelchen schneiden. Die Zwiebel schälen und fein hacken. In einer großen beschichteten Bratpfanne das Olivenöl erhitzen und darin die Zwiebel und das klein geschnittene Gemüse andünsten, nach Bedarf etwas Gemüsebouillon beifügen. Nur knapp weich garen, das Gemüse sollte noch Biss haben. Mit Pfeffer und Salz würzen.
3. Den Backofen auf 200 Grad vorheizen.
4. Für den Guss Eier, Rahm und Käse gut verrühren und mit Salz, Pfeffer und Muskatnuss würzen. Das Gemüse auf dem Teigboden verteilen und mit dem Guss übergießen.
5. Die Gemüsewähe in der unteren Hälfte des vorgeheizten Backofens etwa 40 Minuten backen.

Tipp
Nach Belieben kleine Speckwürfelchen auf dem Teigboden verteilen.

Gemüsewähe

KLEINE TOMATENKÜCHLEIN

Für 6 bis 8 Stück

1 Portion Mürbeteig, Grundrezept Seite 118f.

Guss:
2 Eier
200 g Kräuterfrischkäse
200 g Magerquark
1 Bund Schnittlauch
einige Blätter Basilikum
Salz
Pfeffer aus der Mühle

500 g Cherrytomaten (etwa 22–24 Stück)

1. Aus dem Teig 6 bis 8 gleich große Teigkugeln formen und diese rund ausrollen. Kleine runde Backförmchen (8–10 cm Durchmesser) gut einfetten und mit dem Teig belegen. Die Teigböden mit einer Gabel mehrmals einstechen.
2. Den Backofen auf 200 Grad vorheizen.
3. Eier, Kräuterfrischkäse und Quark mit dem Schneebesen verrühren. Die Kräuter sehr fein schneiden und beifügen. Mit Salz und Pfeffer würzen. Den Guss auf die Teigböden verteilen.
4. Die Cherrytomaten halbieren und mit der Schnittfläche nach oben in den Guss setzen. Nochmals leicht salzen.
5. Die Tomatenküchlein in der unteren Hälfte des vorgeheizten Backofens etwa 30 Minuten backen.

Tipps
Vor dem Backen etwas geriebenen Parmesan über die Küchlein streuen.

Die Menge reicht auch für einen großen Tomatenkuchen von 28 cm Durchmesser.

BROKKOLIKÜCHLEIN

1 Portion Mürbeteig, Grundrezept Seite 118f.

700 g Brokkoli in kleinen Röschen
100 g Feta
2 Eier
200 g saurer Halbrahm
Salz
Pfeffer aus der Mühle

1. Den Teig für kleine Küchlein zubereiten (Rezept links) und den Backofen auf 200 Grad vorheizen.
2. Den Brokkoli über Dampf einige Minuten knackig garen. Den Feta in kleine Würfel schneiden und mit den Brokkoliröschen auf den Teigböden verteilen.
3. Eier, sauren Halbrahm und Gewürze gut verrühren und darübergießen.
4. Die Brokkoliküchlein im vorgeheizten Backofen etwa 30 Minuten backen.

KÄSEKÜCHLEIN

1 Portion Mürbeteig, Grundrezept Seite 118f.

1 kleine Zwiebel, geschält und sehr fein gehackt
150 g grob geriebener Greyerzer
200 g grob geriebener Raclette-Käse
2 Eier
180 g Joghurt nature
150 ml Milch
Pfeffer aus der Mühle
etwas Salz
frisch geriebene Muskatnuss

1. Den Teig für kleine Küchlein zubereiten (Rezept links) und den Backofen auf 200 Grad vorheizen.
2. Die Zwiebel mit dem Käse vermischen.
3. Eier, Joghurt, Milch und Gewürze gut verrühren, mit der Käsemasse vermengen und auf den Teigböden verteilen.
4. Die Käseküchlein im vorgeheizten Backofen etwa 30 Minuten backen.

GEMÜSE-FLAMMKUCHEN

Schnelle Variante mit Backpulver

Teig:
300 g Magerquark
ca. 75 ml Milch
ca. 50 ml kaltgepresstes Olivenöl
1 großes Ei
½ TL Salz
ca. 300 g glutenfreie Mehlmischung (Schär Brot-Mix oder Zwicky Basis Mehlmischung oder Finax Universalmischung oder Morga Pizzateigmehl-Mix)
1 TL Backpulver

Belag:
200 g Sauerrahm
1 mittelgroße (rote) Zwiebel
1 große Karotte
1 kleiner Zucchino
12 rote Cherrytomaten
100 g Zuckermaiskörner
wenig kaltgepresstes Olivenöl
Pfeffer aus der Mühle
Meersalz

1. Quark, Milch, Olivenöl, Ei und Salz in einer Schüssel gut verrühren. Das Mehl und das Backpulver beifügen und alles zu einem glatten Teig verarbeiten. Der Teig darf nicht zu fest und trocken sein, sonst etwas mehr Milch oder Wasser beifügen. Zugedeckt 30 Minuten im Kühlschrank ruhen lassen.
2. Den Backofen auf 200 Grad vorheizen.
3. Die Zwiebel schälen, in sehr feine Streifen schneiden. Die Karotte schälen und grob raspeln. Die Enden des Zucchino wegschneiden, der Länge nach halbieren und die Hälften in sehr feine Scheiben schneiden. Die Tomaten halbieren.
4. Den Teig auf Backpapier geben, einige Tropfen Olivenöl darauf verteilen und eine Klarsichtfolie darüberlegen (verhindert das Kleben des Teiges). Mit einer Teigrolle den Teig gleichmäßig dünn und rechteckig auf die Größe des Backblechs ausrollen.
5. Mit dem Papier aufs Blech ziehen. Den Teig mit dem Sauerrahm gleichmäßig bis an den Rand bestreichen. Zuerst Zwiebeln, dann restliches Gemüse darüber verteilen, kräftig mit Pfeffer und Salz würzen und mit Olivenöl beträufeln.
6. In der Mitte des vorgeheizten Backofens etwa 20 bis 30 Minuten backen.

ZWETSCHGENKUCHEN MIT QUINOA

Teig:
150 g weiche Butter
100 g Zucker (1)
2 TL Zimtpulver
1 Prise Salz
2 Eier
200 g glutenfreie Mehlmischung (Bauckhof Mehl-Mix Kuchen oder Zwicky Basis Mehlmischung oder Schär Kuchen & Kekse)
1 TL Backpulver
120 g Zucker (2)
50 g gepufftes Quinoa

Belag:
500 g kleine Zwetschgen
30 g Mandelblättchen
nach Belieben Puderzucker zum Bestäuben

1. Butter, Zucker (1), Zimtpulver und Salz mit der Küchenmaschine oder dem Handrührgerät zu einer hellen, cremigen Masse rühren. Die Eier nacheinander unterrühren. Am Schluss das Mehl und das Backpulver darunterrühren.
2. Den Zucker (2) in einer beschichteten Bratpfanne schmelzen lassen, bis er leicht karamellisiert. Die Pfanne vom Herd ziehen, das gepuffte Quinoa beifügen und mit dem Zucker verrühren. Unter die Teigmasse rühren.
3. Den Backofen auf 200 Grad vorheizen. Eine Springform (22–24 cm Durchmesser) leicht einfetten und mit einem Backpapier auslegen. Den Teig einfüllen und glatt streichen.
4. Zwetschgen halbieren, entsteinen und die Zwetschgenhälften kreisförmig und senkrecht in den Teig stecken. Mit Mandelblättchen bestreuen.
5. Den Kuchen im vorgeheizten Backofen auf der untersten Rille etwa 35 bis 40 Minuten backen.
6. Auf einem Gitter auskühlen lassen und nach Belieben mit Puderzucker bestäuben.

Hinweis
Gepufftes Quinoa (»Quinoa-Pops«) lässt sich ausgezeichnet – natur oder mit Zucker knusprig karamellisiert – zum Backen verwenden. Im Handel sind verschiedene glutenfreie Quinoa-Produkte wie Mehl, Flocken, Flakes, Pops oder als Beigabe in Müeslimischungen erhältlich (z. B. von Werz oder Swipala).

ZWETSCHGENKÜCHLEIN IM GLAS

Für 6 Weck- oder Sturzgläschen,
je 150 ml Inhalt

100 g weiche Butter
100 g Rohzucker
1 Prise Salz
2 Eier
125 g glutenfreie Mehlmischung (Schär Kuchen & Kekse oder Bauckhof Mehl-Mix Kuchen oder Hammermühle Mehl-Mix hell)
1 TL Zimtpulver
1 TL Backpulver
2–3 EL Wasser
250 g saftige, reife Zwetschgen

Butter zum Einfetten
2 EL Mandelstifte
Puderzucker zum Bestäuben

1. Butter, Rohzucker und Salz in einer Schüssel mit dem Handrührgerät zu einer cremigen Masse rühren. Die Eier nacheinander unterrühren. Mehl, Zimtpulver und Backpulver beifügen und alles zu einem geschmeidigen Teig rühren. Wenn der Teig zu fest ist, wenig Wasser unterrühren.
2. Die Zwetschgen halbieren, entsteinen und in kleine Würfel schneiden. Unter die Teigmasse mischen.
3. Die Gläschen mit Butter einfetten und die Masse gleichmäßig in die Gläschen verteilen. Mit einigen Mandelstiften bestreuen. Auf ein Backblech stellen.
4. Im vorgeheizten Backofen bei 180 Grad etwa 30 Minuten backen. Gegen Backende eine Garprobe machen und nach Bedarf mit einer Folie abdecken.
5. Nach dem Backen die Gläschen auf einem Gitter etwas auskühlen lassen. Zum Servieren mit Puderzucker bestäuben.

Tipps und Varianten
Frisch aus dem Ofen und noch lauwarm schmecken die Küchlein am besten. Mit geschlagenem Rahm servieren.

Je nach Saisonangebot eignen sich auch andere Früchte wie Himbeeren, Johannisbeeren, Aprikosen, Pfirsiche.

Hinweis
Zum Backen von Mini-Küchlein eignen sich so genannte Sturzgläser, deren Durchmesser des Bodens und der Einfüllöffnung gleich groß ist. Weck-Gläser dagegen besitzen zusätzlich einen Glasdeckel mit Gummiring und Klammern zum Verschließen. Beide Gläser eignen sich zum Backen von kleinen Küchlein.

EINFACHER FRÜCHTE-BLECHKUCHEN

Teig:
250 g Butter
250 g Zucker
4 Eier
400 g glutenfreie Mehlmischung (Hammermühle Mehl-Mix hell oder Schär Kuchen & Kekse oder Zwicky Basis Mehlmischung oder Bauckhof Mehl-Mix Kuchen)
100 g geriebene Mandeln
etwa 250 ml Milch
1 unbehandelte Zitrone, abgeriebene Schale
1 Päckchen Bourbon-Vanillezucker
1 Päckchen Backpulver

Belag:
etwa 400 g frische saftige Saisonfrüchte, z. B. Johannisbeeren, Aprikosen, Zwetschgen, Kirschen, Birnen
nach Belieben Puderzucker zum Bestäuben

1. Die Butter und den Zucker in eine Schüssel geben und mit der Küchenmaschine oder dem Handrührgerät gründlich rühren, bis eine helle, cremige Masse entsteht. Die Eier einzeln nacheinander darunterrühren.
2. Mehl, geriebene Mandeln, Milch, Zitronenschale, Vanillezucker und Backpulver beigeben und alles zu einem glatten Teig mischen.
3. Den Backofen auf 180 Grad vorheizen. Ein großes Backblech (25 × 45 cm) gut mit Butter einfetten.
4. Die Früchte waschen und je nach Größe klein schneiden.
5. Den Teig gleichmäßig auf dem Backblech ausstreichen. Die Früchte dicht nebeneinander in den Teig stoßen.
6. Im vorgeheizten Backofen rund 40 Minuten backen. Nach Belieben mit Puderzucker bestäuben.

Tipps
Für einen Zwetschgen- oder Pflaumenkuchen streut man vor dem Backen etwas Zimtzucker über die Früchte.

Außerhalb der Saison kann man auch tiefgekühlte Früchte verwenden.

SCHNELLER FRÜCHTEKUCHEN (PLUMCAKE)

50 g weiche Butter
150 g Zucker
3 Eier
150 ml Milch
250 g glutenfreie Mehlmischung (Schär Kuchen & Kekse oder Bauckhof Mehl-Mix Kuchen)
50 g Sultaninen
100 g gehackte kandierte Früchte
1 Päckchen Bourbon-Vanillezucker
1 EL Backpulver
1 Prise Salz

1. Eine längliche Kuchenbackform (28 cm) leicht einfetten und mit Backpapier auslegen.
2. Den Backofen auf 180 Grad vorheizen.
3. Butter und Zucker in einer Schüssel rühren, bis eine helle, cremige Masse entsteht. Die Eier einzeln nacheinander unter ständigem Rühren beifügen. Die Milch darunterrühren.
4. Die restlichen Zutaten dazugeben und alles gut vermengen. Die Masse in die Backform füllen und im vorgeheizten Backofen etwa 40 Minuten backen.

Einfacher Früchte-Blechkuchen

PFLAUMENKUCHEN

100 g Butter
100 g Zucker
2 Eier
150 g glutenfreie Mehlmischung
(Finax Universalmehl oder Bauckhof Mehl-Mix Kuchen oder Schär Mix it! Universalmehl)
50 g Maisstärke
½ unbehandelte Zitrone, abgeriebene Schale
2 TL Backpulver
1 TL Bourbon-Vanillezucker
1 Prise Salz
etwa 400 g reife Pflaumen
30 g Mandelstifte
1 EL Zucker

1. Die Butter und den Zucker in einer Schüssel gründlich rühren, bis eine helle, cremige Masse entsteht. Die Eier unter Rühren beifügen. Mehl, Maisstärke, Zitronenschale, Backpulver, Vanillezucker und Salz darunterrühren.
2. Die Pflaumen halbieren, entsteinen und in Viertel schneiden.
3. Den Backofen auf 180 Grad vorheizen. Eine Springform (28 cm Durchmesser) leicht einfetten und mit Backpapier auslegen.
4. Den Teig in die Form geben und glatt streichen. Die Pflaumenviertel kreisförmig dicht nebeneinander in den Teig drücken. Mit den Mandelstiften bestreuen.
5. Im vorgeheizten Backofen rund 35 bis 40 Minuten backen. Noch warm mit dem Zucker bestreuen.

Varianten
Die Pflaumen durch Aprikosen, Zwetschgen, Birnen oder Äpfel ersetzen.

QUARKTORTE MIT BEEREN

100 g weiche Butter
6 Eigelb
200 g Puderzucker
450 g Magerquark
200 g Johannisbeeren, Heidelbeeren oder Himbeeren
50 g glutenfreie Mehlmischung
(Bauckhof Mehl-Mix Kuchen oder Schär Mix it! Universalmehl)
½ unbehandelte Zitrone, abgeriebene Schale
6 Eiweiß
1 Prise Salz

1. Butter, Eigelbe und Puderzucker in einer Schüssel gründlich rühren, bis eine helle, schaumige Masse entsteht. Quark, Beeren, Maisstärke und Zitronenschale sorgfältig darunterrühren.
2. Eine Springform (26–28 cm Durchmesser) leicht einfetten und mit Backpapier auslegen.
3. Den Backofen auf 190 Grad vorheizen.
4. Das Eiweiß mit dem Salz zu Schnee schlagen und sorgfältig unter die Quarkmasse heben. In die Springform geben und glatt streichen.
5. Im vorgeheizten Backofen bei 190 Grad rund 20 Minuten backen.

Tipp
Da die Mehlmenge sehr gering ist, kann man alternativ auch 50 g Maisstärke oder glutenfreies Reismehl (Bauckhof, Morga) verwenden.

Pflaumenkuchen

LINZERTORTE

150 g weiche Butter
150 g Rohzucker
1 Prise Salz
1 Ei
1 unbehandelte Zitrone, abgeriebene Schale
1 TL Zimtpulver
1 Msp. Nelkenpulver
nach Belieben 1 EL Kirsch
150 g geriebene Haselnüsse
200 g glutenfreie Mehlmischung
(Schär Kuchen & Kekse oder Bauckhof Mehl-Mix Kuchen oder Zwicky Basis Mehlmischung)

120 g Himbeerkonfitüre
1 Eigelb zum Bestreichen

1. Butter, Rohzucker und Salz mit der Küchenmaschine oder dem Handrührgerät gründlich rühren, bis eine helle, cremige Masse entsteht. Ei, Zitronenschale, Zimt- und Nelkenpulver sowie nach Belieben Kirsch unterrühren. Am Schluss Haselnüsse und Mehl dazugeben und zu einem Teig zusammenfügen.
2. Den Boden einer Springform (Durchmesser 22 cm) leicht einbuttern und mit Backpapier belegen. Gut die Hälfte des Teiges auf den Boden geben, eine Klarsichtfolie darüberlegen und gleichmäßig von Hand ausstreichen. Kühl stellen.
3. Den restlichen Teig in eine Klarsichtfolie verpacken, flach drücken und für 30 Minuten in den Kühlschrank legen. Anschließend aus dem Teig eine dicke Rolle für den Rand formen und einige Teigformen als Dekoration ausstechen.
4. Die Teigrolle kreisförmig als Rand auf den Teigboden legen und mit den Zinken einer Gabel eindrücken und verzieren.
5. Die Konfitüre auf dem Boden verstreichen und mit den ausgestochenen Teigformen dekorieren. Nochmals für 20 Minuten kühl stellen.
6. Den Backofen auf knapp 200 Grad vorheizen.
7. Das Eigelb verrühren und den Teigrand und die Formen damit bestreichen. Im vorgeheizten Backofen rund 35 Minuten backen.

SCHOKOLADENTORTE

200 g dunkle Schokolade, mind. 60 % Kakaoanteil
200 g weiche Butter
350 g Zucker
6 Eigelb
200 g glutenfreie Mehlmischung
(Schär Kuchen & Kekse oder Hammermühle Mehl-Mix oder Zwicky Basis Mehlmischung)
6 Eiweiß
1 Prise Salz

Puderzucker zum Bestäuben

1. Eine Pfanne mit Wasser zum Kochen bringen. Eine Schüssel daraufstellen, ohne dass sie das Wasser berührt. Die Schokolade in Stücke brechen und darin schmelzen lassen. Verrühren und leicht abkühlen lassen.
2. Die Butter und den Zucker in einer Schüssel mit dem Handrührgerät so lange rühren, bis eine helle, cremige Masse entsteht. Die Eier einzeln nacheinander unter ständigem Rühren beifügen. Das Mehl und die geschmolzene Schokolade unter den Teig rühren.
3. Den Backofen auf 180 Grad vorheizen. Eine Springform (Durchmesser 26–28 cm) leicht einfetten und mit Backpapier auslegen.
4. Das Eiweiß und das Salz zu Schnee schlagen und sorgfältig unter die Zucker-Eigelb-Masse heben.
5. Die Teigmasse in die Springform füllen und im vorgeheizten Backofen etwa 35 Minuten backen.
6. Auskühlen lassen und mit Puderzucker bestäuben.

Linzertorte

BUCHWEIZENTÖRTCHEN MIT HIMBEERFÜLLUNG

Für ca. 12 Stück

150 g Buchweizenmehl (Bauckhof, Morga)
75 g glutenfreie Mehlmischung (Bauckhof Mehl-Mix Kuchen oder Schär Mehl Farine oder Zwicky Basis Mehlmischung)
1 Prise Salz
75 g kalte Butter
1 Eigelb
3 EL Akazienhonig
nach Bedarf etwas Wasser

Himbeercreme:
ca. 350 g Himbeeren
100 ml Rahm (Sahne)
150 g Rahmquark (Sahnequark)
3 EL Akazienhonig

1. Die beide Mehle und das Salz in einer Schüssel mischen. Die kalte Butter in kleine Stücke schneiden und mit dem Mehl zwischen den Händen krümelig verreiben. Das Eigelb und den Honig beifügen. Alles rasch zu einem Teig zusammenfügen. Bei Bedarf etwas Wasser beigeben. In einem kleinen Plastikbeutel verpackt während 15 Minuten in den Kühlschrank legen.
2. 12 schöne Himbeeren zur Dekoration zurückbehalten. Die restlichen Himbeeren pürieren und durch ein Sieb streichen. Den Rahm steif schlagen und mit dem Quark sorgfältig vermengen. Das Himbeerpüree untermischen und mit dem Honig süßen. Kühl stellen.
3. Den Backofen auf 180 Grad vorheizen. Ein Mini-Muffins-Backblech oder Mini-Backförmchen gut einbuttern.
4. Den Teig in 12 gleich große Stücke teilen und aus jedem Teigstück kleine Kugeln formen. Diese auf glutenfreiem Mehl oder Buchweizenmehl rund ausrollen (etwa 10 cm Durchmesser) und die Förmchen damit belegen.
5. Im vorgeheizten Backofen etwa 6 Minuten backen. Auskühlen lassen.
6. Kurz vor dem Servieren die kleinen Törtchen mit der Himbeercreme füllen und mit einer Himbeere dekorieren.

Tipp
Akazienhonig besitzt eine ausgezeichnete Süßkraft und ein mildes Eigenaroma. Deshalb eignet sich diese Honigsorte ideal zum Süßen.

Varianten
Die Himbeeren durch Brombeeren oder Erdbeeren ersetzen.

Weitere Grundrezepte für Mürbeteige (ohne Buchweizenmehl) finden sich auf Seite 118f.

SAUERKIRSCHEN-CUPCAKES

Für 12 Stück

2 Eier
150 g Zucker
2 TL Bourbon-Vanillezucker
1 Prise Salz
60 g flüssige Butter
150 ml Milch
100 g Sauerrahm
300 g glutenfreie Mehlmischung (Schär Kuchen & Kekse oder Bauckhof Mehl-Mix Kuchen)
1 TL Backpulver
200 g Sauerkirschen ohne Stein, aus dem Glas (Schattenmorellen)

Dekoration (Frosting):
150 g weiche Butter
150 g Doppelrahm-Frischkäse
375 g Puderzucker
2 TL Bourbon-Vanillezucker
einige Tropfen rote Lebensmittelfarbe
12 Sauerkirschen ohne Stein, aus dem Glas (Schattenmorellen)

1. Eier, Zucker, Vanillezucker und Salz mit der Küchenmaschine oder dem Handrührgerät ausgiebig schaumig rühren. Flüssige Butter, Milch und Sauerrahm unterrühren.
2. Das Mehl und das Backpulver beifügen und nur noch kurz verrühren. Die Sauerkirschen auf allfällige Steine kontrollieren, in einem Sieb gut abtropfen lassen und unter die Teigmasse mischen.
3. Den Backofen auf 180 Grad vorheizen. Ein Muffins-Backblech mit Papierförmchen auslegen.
4. Den Teig in die Muffins-Förmchen verteilen und im vorgeheizten Backofen etwa 20 Minuten backen.
5. Nach dem Backen die Muffins aus dem Blech nehmen und auf einem Gitter auskühlen lassen.
6. Für die Dekoration Butter, Frischkäse, Puderzucker, Vanillezucker und Lebensmittelfarbe gut verrühren. Die Masse in einen Spritzbeutel mit mittelgroßer Tülle einfüllen. Die Cupcakes mit einer Frostinghaube überziehen und jeweils mit einer Sauerkirsche dekorieren.
7. Die Cupcakes kühl stellen, damit die Butter-Frischkäsecreme fest wird.

Tipps
Je nach Saisonangebot eignen sich auch frische (entsteinte) Kirschen oder andere saftige Früchte für dieses Rezept.

Statt einer Butter-Frischkäsecreme kann man die Cupcakes auch mit einer Schlagrahmhaube verzieren oder nur mit Puderzucker bestäuben.

Hinweis
Cupcakes, übersetzt »Tassenkuchen«, sind kleine süße Törtchen, die man traditionell mit einer Haube aus einer bunten Buttercreme verziert oder mit einer Zuckermodelliermasse (Rollfondant) überzieht. Zusätzlich dekoriert man die Törtchen fantasievoll mit Streuseln, Zuckerperlen, Früchten, Nüssen, Schokoladenspänen u. a. Viele Backdekorationen können Gluten enthalten, deshalb immer die Zutatenliste prüfen.

TIROLER MUFFINS

Für 12 Stück

125 g weiche Butter
125 g Zucker
3 Eier
etwa 100 ml Milch
250 g glutenfreie Mehlmischung (Schär Kuchen & Kekse oder Hammermühle Mehl-Mix hell oder Bauckhof Mehl-Mix Kuchen)
80 g geriebene Haselnüsse
100 g Schokoladenwürfelchen
1 EL Backpulver
1 Prise Salz
2 TL Bourbon-Vanillezucker

1. Ein Muffin-Backblech mit Papierförmchen auslegen.
2. Den Backofen auf 180 Grad vorheizen.
3. Butter und Zucker in einer Schüssel rühren, bis eine helle, cremige Masse entsteht. Die Eier einzeln nacheinander unter ständigem Rühren beifügen.
4. Die restlichen Zutaten dazugeben und alles gut vermengen. Je nach Konsistenz noch etwas Milch dazugießen und gut rühren. Die Masse in die Papierförmchen füllen und im vorgeheizten Backofen bei 180 Grad etwa 25 Minuten backen.

BANANENKUCHEN

100 g Butter
200 g Zucker
3 Eier
2–3 reife Bananen (ca. 200 g)
175 g glutenfreie Mehlmischung (Hammermühle Mehl-Mix hell oder Schär Kuchen & Kekse)
3 EL Milch
1½ TL Bourbon-Vanillezucker
1 EL Backpulver

1. Die Butter und den Zucker in einer Schüssel mit dem Handrührgerät so lange rühren, bis die Masse cremig und hell ist. Die Eier nacheinander unter ständigem Rühren einrühren.
2. Die Bananen schälen, mit einer Gabel sehr gut zerdrücken. Zusammen mit Mehl, Milch, Vanillezucker und Backpulver darunterrühren.
3. Den Backofen auf 180 Grad vorheizen.
4. Eine längliche Kuchenform (28 cm) mit Backpapier auslegen. Die Teigmasse einfüllen und glatt streichen.
5. Im vorgeheizten Backofen rund 35 Minuten backen. Der Kuchen bleibt einige Tage frisch.

Variante

Für einen Bananen-Nuss-Kuchen zusätzlich eine Handvoll gehackter Baumnusskerne (Walnusskerne) unter den Teig mischen. Den gebackenen Kuchen mit geschmolzener Schokoladen-Kuchenglasur überziehen und mit Baumnusskernen dekorieren. Trocknen lassen.

Tiroler Muffins

GETRÄNKTER ANANASCAKE

4 Scheiben Ananas (150 g), aus der Dose
3 große Eier
200 g Zucker
150 ml Rahm (Sahne)
50 g flüssige Butter
300 g glutenfreie Mehlmischung (Bauckhof Mehl-Mix Kuchen oder Schär Kuchen & Kekse)
1 unbehandelte Zitrone, abgeriebene Schale
2 TL Backpulver
1 Prise Salz

ca. 100 ml Ananassaft, aus der Dose
100 g Puderzucker

1. Eine längliche Kuchenform (26 cm) leicht einfetten und mit Backpapier auslegen. Den Backofen auf 180 Grad vorheizen.
2. Die Ananasscheiben klein würfeln, den Ananassaft zurückbehalten und beiseitestellen. Die Eier und den Zucker in einer Schüssel gut schaumig rühren. Ananaswürfelchen, Rahm und flüssige, abgekühlte Butter unterrühren. Mehl, Zitronenschale, Backpulver und Salz beifügen und alles zu einem Teig verrühren.
3. Den Teig in die vorbereitete Form geben und im vorgeheizten Backofen bei 180 Grad etwa 40 Minuten backen.
4. Ananassaft und Puderzucker gut verrühren und den noch warmen Cake mit einem Holzspießchen oder einer Stricknadel immer wieder einstechen und mit dem Guss übergießen. Auskühlen lassen.

Tipp
Die Ananasscheiben sehr klein würfeln, zu große und schwere Würfel können im Teig absinken.

Varianten
Auch andere Dosenfrüchte wie Pfirsiche oder Birnen eignen sich für diesen Kuchen.

MARMORKUCHEN

200 g weiche Butter
175 g Zucker
1 Prise Salz
4 Eier
300 g glutenfreie Mehlmischung (Schär Kuchen & Kekse oder Hammermühle Mehl-Mix hell oder Zwicky Basis Mehlmischung)
1 Päckchen Bourbon-Vanillezucker
2 TL Backpulver
ca. 250 ml Rahm (Sahne)
100 g dunkle Schokolade, mind. 60 % Kakaoanteil

Puderzucker zum Bestäuben

1. Butter, Zucker und Salz in einer Schüssel mit Hilfe der Küchenmaschine und dem Handrührgerät gut rühren, bis die Masse schön cremig wird. Die Eier nacheinander unter ständigem Rühren beifügen.
2. Mehl, Vanillezucker und Backpulver vermischen und mit dem Rahm unter die Masse rühren. Der Teig sollte nicht zu fest sein, sonst etwas Rahm dazugeben. Den Teig in zwei Portionen teilen.
3. Eine längliche Kuchenform (26–28 cm) mit Backpapier auslegen. Den Backofen auf 180 Grad vorheizen.
4. Die Schokolade über dem Wasserbad schmelzen lassen und unter die eine Teighälfte rühren.
5. Zuerst die helle Teigmasse in die Form geben, dann die dunkle Teigmasse darauf verteilen. Eine Gabel spiralförmig durch die beiden Teige ziehen.
6. Im vorgeheizten Backofen etwa 40 bis 50 Minuten backen. Gegen Ende der Backzeit eine Garprobe machen.
7. Den Kuchen auf einem Gitter auskühlen lassen und mit Puderzucker bestäuben.

Tipp
Die Masse reicht auch für eine Gugelhopf-Form von ca. 2 Litern Inhalt.

Marmorkuchen

MOKKAKUCHEN

100 g weiche Butter
150 g Zucker
3 Eier
250 g glutenfreie Mehlmischung (Zwicky Basis Mehlmischung oder Schär Kuchen & Kekse oder Bauckhof Mehl-Mix Kuchen)
180 g geriebene Haselnüsse
150 g dunkle Schokoladenwürfelchen
½ Päckchen Backpulver
½ TL Zimtpulver
1 Prise Salz
200 ml starker Mokka-Kaffee oder Espresso

Puderzucker zum Bestäuben

1. Den Backofen auf 180 Grad vorheizen. Eine Springform (24 cm Durchmesser) leicht einfetten und mit Backpapier auslegen.
2. Die Butter und den Zucker in einer Schüssel mit dem Handrührgerät gründlich rühren, bis eine helle, cremige Masse entsteht. Die Eier einzeln nacheinander unter ständigem Rühren beifügen.
3. Mehl, Haselnüsse, Schokoladenwürfelchen, Backpulver, Zimtpulver und Salz darunterrühren.
4. Den Kaffee auskühlen lassen und dazugießen. Der Teig sollte dickflüssig sein.
5. Den Teig in die Springform geben und glatt streichen. Im vorgeheizten Backofen etwa 50 bis 60 Minuten backen.
6. Den Kuchen auskühlen lassen und nach Belieben mit Puderzucker bestäuben.

MOKKA-KOKOS-WÜRFEL

Für 25–30 Würfel

2 Eier
175 g Zucker
2 TL Bourbon-Vanillezucker
2 EL Kakaopulver
3 EL starker Kaffee
200 ml Milch
130 g flüssige Butter
200 g glutenfreie Mehlmischung (Schär Kuchen & Kekse oder Bauckhof Mehl-Mix Kuchen oder Hammermühle Mehl-Mix hell)
1½ TL Backpulver

Guss:
130 g Puderzucker
1 EL Kakaopulver
5 EL starker Kaffee
40 g flüssige Butter

100 g Kokosraspeln zum Bestreuen

1. Eier, Zucker, Vanillezucker und Kakaopulver mit dem Handrührgerät gut schaumig rühren. Ausgekühlter Kaffee, Milch und flüssige Butter unterrühren. Am Schluss das Mehl und das Backpulver beifügen und alles zu einem geschmeidigen Teig rühren.
2. Den Backofen auf 200 Grad vorheizen. Ein Backblech (25 × 30 cm) leicht einfetten und mit Backpapier belegen.
3. Die Teigmasse aufs Blech geben und in der unteren Hälfte des vorgeheizten Backofens etwa 15 Minuten backen.
4. Inzwischen für den Guss Puderzucker, Kakaopulver, Kaffee und flüssige Butter gut verrühren.
5. Nach dem Backen den Kuchen noch warm mit dem Guss übergießen und mit den Kokosraspeln bestreuen. Auskühlen lassen und in 5 × 5 cm große Würfel schneiden.

SCHNELLE SCHOKOLADENSCHNITTEN

Teig:
200 g Zucker
2 Eier
400 g glutenfreie Mehlmischung (Schär Kuchen & Kekse oder Hammermühle Mehl-Mix hell oder Bauckhof Mehl-Mix Kuchen)
200 g geriebene Haselnüsse
1 Päckchen Backpulver
200 ml Rahm (Sahne)
200 ml Milch
4 EL Schokoladenpulver

Guss:
250 g Puderzucker
2 EL Schokoladenpulver
wenig heißes Wasser

1. Den Backofen auf 200 Grad vorheizen. Ein großes Backblech leicht einfetten und mit Backpapier belegen.
2. Alle Zutaten für den Teig in einer großen Schüssel gut zu einem glatten Teig rühren. Auf das Backblech geben und glatt streichen.
3. Im vorgeheizten Backofen etwa 20 Minuten backen.
4. Die Zutaten für den Guss gut verrühren und den ausgekühlten Kuchen gleichmäßig damit bestreichen. In längliche Stücke von 4 × 10 cm schneiden.

BROWNIES

100 g Butter
200 g dunkle Schokolade, mind. 60 % Kakaoanteil
3 Eier
200 g Zucker
2 TL Bourbon-Vanillezucker
1 TL Backpulver
1 Prise Salz
200 g grob gehackte Baumnusskerne (Walnusskerne)
150 g glutenfreie Mehlmischung (Schär Kuchen & Kekse oder Bauckhof Mehl-Mix Kuchen oder Hammermühle Mehl-Mix hell oder Zwicky Basis Mehlmischung)

1. Die Butter in einer kleinen Pfanne schmelzen. Die Schokolade in kleine Stücke schneiden und beifügen. Unter Rühren bei milder Temperatur schmelzen und leicht abkühlen lassen. Beiseitestellen.
2. Eier, Zucker, Vanillezucker, Backpulver und Salz in einer Schüssel mit dem Handrührgerät gründlich rühren, bis die Masse hell und cremig ist.
3. Die Schokoladen-Butter-Masse darunterrühren. Die gehackten Nüsse und das Mehl beifügen und zu einem glatten Teig rühren.
4. Den Backofen auf 180 Grad vorheizen.
5. Eine Backform (24 × 24 cm) mit Backpapier auslegen und die Teigmasse gleichmäßig darauf verstreichen.
6. Im vorgeheizten Backofen etwa 20 Minuten backen. Die Brownies müssen innen noch feucht sein. Auskühlen lassen und in 4 × 6 cm große Würfel schneiden.

Tipp
Brownies schmecken am nächsten Tag noch besser. Gut verpackt sind sie im Kühlschrank eine Woche haltbar. Sie lassen sich auch problemlos tiefkühlen.

Kuchen und Gebäck ohne Mehl

MANDELROLLE MIT APFELFÜLLUNG

Teig:
3 Eigelb
75 g Zucker
1 EL warmes Wasser
½ unbehandelte Zitrone, abgeriebene Schale
3 Eiweiß
1 Prise Salz
100 g geschälte geriebene Mandeln

Füllung:
3 Äpfel
1 EL Zucker
2 EL Zitronensaft
200 ml Rahm (Sahne)

geschälte geriebene Mandeln zum Bestreuen

1. Ein großes Backblech leicht einfetten und mit Backpapier belegen.
2. Den Backofen auf 200 Grad vorheizen.
3. Eigelbe, Zucker, Wasser und Zitronenschale in einer Schüssel mit dem Handrührgerät so lange rühren, bis eine helle, schaumige Masse entsteht.
4. Das Eiweiß mit dem Salz zu Schnee schlagen. Die Mandeln sorgfältig daruntermischen. Den Mandel-Eischnee locker unter die Eigelbmasse ziehen.
5. Die Masse gleichmäßig etwa 1 cm dick auf dem Backpapier zu einem Rechteck ausstreichen und sofort in der Mitte des vorgeheizten Backofens etwa 8 bis 10 Minuten backen. Das Biskuit darf nur leicht gebräunt sein.
6. Das Biskuit auf ein zweites Backpapier stürzen, das obere Papier sorgfältig abziehen und das Biskuit mit dem noch heißen Blech zudecken. Auskühlen lassen.
7. Für die Füllung den Rahm steif schlagen. Die Äpfel schälen, halbieren und entkernen. Fein reiben, sofort mit dem Zucker und dem Zitronensaft vermengen und unter den Schlagrahm mischen.
8. Das Biskuit mit der Apfel-Rahmmasse bestreichen, sorgfältig aufrollen und die beiden Enden wegschneiden.
9. Für die Dekoration die geriebenen Mandeln auf eine längliche Platte streuen und die fertige Biskuitrolle vorsichtig darin wenden.
10. Die Rolle auf die Naht legen und bis zum Servieren kühl stellen.

HIRSEBISKUITROLLE MIT ORANGENFÜLLUNG

Teig:
5 Eigelb
60 g Zucker
1 TL Bourbon-Vanillezucker
5 Eiweiß
1 Prise Salz
60 g Hirsemehl
1 EL Maisstärke

Füllung:
2 Orangen
100 ml frisch gepresster Orangensaft
3 EL Zucker
1 TL Bourbon-Vanillezucker
½ TL Kardamompulver
200 ml Rahm (Sahne)
100 g Rahmquark (Sahnequark)

Puderzucker zum Bestäuben

1. Ein großes Backblech leicht einfetten und mit Backpapier belegen. Den Backofen auf 180 Grad vorheizen.
2. Eigelbe, Zucker und Vanillezucker in einer Schüssel mit der Küchenmaschine oder dem Handrührgerät gründlich zu einer schaumigen, hellen Masse rühren.
3. Das Eiweiß mit dem Salz zu Schnee schlagen.
4. Hirsemehl, Maisstärke und Eischnee abwechslungsweise sorgfältig unter die Eigelbmasse heben.
5. Die Masse gleichmäßig (!) auf dem Backpapier verstreichen und sofort im vorgeheizten Backofen etwa 12 Minuten backen. Das Biskuit darf nur leicht gebräunt sein.
6. Das Biskuit auf ein zweites Backpapier stürzen, das obere Papier sorgfältig abziehen und das Biskuit mit dem noch heißen Blech zudecken. Auskühlen lassen.
7. Für die Füllung die Orangen großzügig schälen (mit der weißen Haut). Über einer kleinen Schüssel die einzelnen Fruchtschnitze mit einem scharfen Messer aus den Häuten herausschneiden und dabei den Saft auffangen. Den Saft mit dem frisch gepressten Saft vermischen. 3 Fruchtfilets zur Garnitur zurückbehalten, die restlichen Fruchtfilets klein würfeln.
8. Den Zucker in einer kleinen Pfanne schmelzen lassen (karamellisieren). Den Orangensaft dazugießen. Vanillezucker und Kardamom beifügen, alles zu einem Sirup einkochen und anschließend auskühlen lassen. Den Rahm steif schlagen, sorgfältig und locker unter den Quark ziehen. Orangenwürfelchen untermischen und so viel vom Sirup beifügen, dass die Masse nicht zu dünnflüssig wird.
9. Das Biskuit mit der Füllung bestreichen und sorgfältig aufrollen. Die Enden wegschneiden. Kühl stellen.
10. Vor dem Servieren mit wenig Puderzucker bestäuben und mit Orangenfilets garnieren.

MANDELKUCHEN MIT VANILLECREME UND ERDBEEREN

Teig:
300 g geschälte geriebene Mandeln
300 g Puderzucker
½ TL Backpulver
5 Eiweiß
1 Prise Salz

Vanillecreme:
3 Eigelb
50–60 g Zucker
500 ml Milch
20 g Maisstärke
1 Vanilleschote oder 2 Päckchen Bourbon-Vanillezucker

etwa 400 g Erdbeeren
Mandelblättchen zur Dekoration

1. Den Backofen auf 170 Grad vorheizen. Eine runde Springform (28 cm Durchmesser) leicht einfetten, den Boden und den Rand mit Backpapier auslegen.
2. Mandeln, Puderzucker und Backpulver in einer Schüssel gut mischen. Das Eiweiß mit dem Salz steif schlagen und sorgfältig darunterziehen.
3. Die Masse in die Form füllen, glatt streichen und in der unteren Hälfte des vorgeheizten Backofens 40 bis 45 Minuten backen.
4. Für die Vanillecreme die Eigelbe und den Zucker in einer Schüssel gründlich rühren. Die Milch und die Maisstärke in einem Topf gut verrühren und zusammen mit der aufgeschnittenen Vanilleschote (oder dem Vanillezucker) aufkochen. Die heiße Flüssigkeit langsam unter die Eigelb-Zucker-Masse rühren. Alles zurück in den Topf geben und noch einmal gut erhitzen, nicht kochen. Auskühlen lassen.
5. Die Erdbeeren entstielen und in Scheiben schneiden.
6. Die Mandelblättchen in einer beschichteten Pfanne ohne Fettzugabe leicht rösten und abkühlen lassen.
7. Den Tortenboden und den Rand gleichmäßig mit der kalten Vanillecreme bestreichen. Den Tortenrand mit den Mandelblättchen dekorieren und die Torte mit den Erdbeerscheiben belegen.

Tipp
Schneller geht es mit einer glutenfreien Back- bzw. Puddingvanillecreme aus der Packung.

Varianten
Nach Belieben kann man auch andere Früchte wie Himbeeren oder Aprikosen verwenden.

FRÜCHTE-QUARKKUCHEN

50 g weiche Butter
100 g Zucker
4 Eigelb
180 g Magerquark
180 g geschälte, geriebene Mandeln
50 g Maisstärke
1 unbehandelte Zitrone, abgeriebene Schale
1 TL Bourbon-Vanillezucker
4 Eiweiß
1 Prise Salz
2 EL Puderzucker

Saisonfrüchte zum Belegen

1. Eine runde Springform (22–24 cm Durchmesser) leicht einfetten und mit Backpapier auslegen. Den Backofen auf 180 Grad vorheizen.
2. Die Butter und den Zucker in einer Schüssel mit dem Handrührgerät sehr gründlich rühren. Die Eigelbe langsam unter ständigem Rühren beifügen. Die Masse sollte hell, luftig und cremig sein. Quark, Mandeln, Maisstärke, Zitronenschale und Vanillezucker darunterrühren.
3. Das Eiweiß mit dem Salz sehr steif schlagen. Den Puderzucker unter ständigem Rühren beifügen, bis der Eischnee glänzt. Sorgfältig unter die Eigelb-Quark-Masse heben.
4. Im vorgeheizten Backofen etwa 40 bis 45 Minuten backen. Auskühlen lassen und vorsichtig aus der Form lösen.
5. Den Quarkkuchen mit klein geschnittenen Früchten (z. B. Kiwischeiben, Orangenscheiben) dekorieren.

Varianten
Statt den Quarkkuchen mit Früchten zu belegen, kann man auch 350 g frische Himbeeren (oder zur Hälfte Johannisbeeren) unter die Quarkmasse mischen. Den fertigen Kuchen nur noch mit Puderzucker bestäuben.

SCHNELLE QUARKTORTE

100 g weiche Butter
6 Eigelb
200 g Puderzucker
450 g Magerquark
60 g Rosinen, in Wasser eingeweicht
75 g Maisstärke
1 Päckchen Bourbon-Vanillezucker
½ unbehandelte Zitrone, abgeriebene Schale
6 Eiweiß
1 Prise Salz

1. Butter, Eigelbe und Puderzucker in einer Schüssel gründlich rühren, bis eine helle, schaumige Masse entsteht. Den Quark, die gut abgetropften Rosinen, Maisstärke, Vanillezucker und Zitronenschale darunterrühren.
2. Eine Springform (26–28 cm Durchmesser) leicht einfetten und mit Backpapier auslegen. Den Backofen auf 170 Grad vorheizen.
3. Das Eiweiß mit dem Salz zu Schnee schlagen und sorgfältig unter die Teigmasse heben. Den Teig in die Springform geben und glatt streichen.
4. Im vorgeheizten Backofen bei 170 Grad rund 50 Minuten backen.

Variante
Kleine Fruchtstückchen (z. B. Ananas- oder Erdbeerwürfelchen, ganze Himbeeren) unter die Quarkmasse mischen.

Früchte-Quarkkuchen

KASTANIEN-NUSS-CAKE

100 g Butter
3 Eigelb
100 g Puderzucker
150 g geriebene Haselnüsse
1 Päckchen Bourbon-Vanillezucker
2 TL Backpulver
50 ml Kirsch
200 g gesüßtes Kastanienpüree
(siehe Hinweis)
3 Eiweiß
1 Prise Salz

1 Beutel Schokoladen-Kuchenglasur
150 g ganze geschälte, geröstete Haselnüsse

1. Den Backofen auf 180 Grad vorheizen. Eine längliche Kuchenform (24 cm) leicht einfetten und mit Backpapier auslegen.
2. Die Butter in einem Pfännchen schmelzen und auskühlen lassen. Zusammen mit den Eigelben in einer Schüssel mit der Küchenmaschine oder dem Handrührgerät gründlich verrühren. Puderzucker, Haselnüsse, Vanillezucker, Backpulver und Kirsch unterrühren. Das Kastanienpüree portionenweise unterrühren.
3. Das Eiweiß zusammen mit dem Salz zu Schnee schlagen und sorgfältig unter die Teigmasse ziehen. In die Form füllen und glatt streichen.
4. Im vorgeheizten Backofen rund 40 bis 50 Minuten backen.
5. Die Haselnüsse grob hacken und in einer beschichteten Bratpfanne ohne Fettzugabe unter ständigem Wenden rösten, bis sie fein duften. Die Kuchenglasur nach Packungsanweisung schmelzen lassen.
6. Den Cake mit Kuchenglasur übergießen und mit den Haselnüssen bestreuen. Auskühlen lassen.

Tipp
Ein feiner Cake, der lange frisch bleibt. In Klarsichtfolie einpacken und im Kühlschrank aufbewahren.

KASTANIEN-MINIMUFFINS MIT ZIMT

80 g weiche Butter
100 g Zucker
2 Eier
220 g gesüßtes Kastanienpüree (siehe Hinweis)
100 g geriebene Haselnüsse
2 TL Zimtpulver

Puderzucker zum Bestäuben

1. Butter und Zucker mit dem Handrührgerät gründlich zu einer cremigen Masse rühren. Die Eier nacheinander beifügen und zu einer schaumigen Masse weiterrühren. Kastanienpüree, Haselnüsse und Zimtpulver dazugeben und alles zu einer homogenen, weichen Teigmasse rühren.
2. Den Backofen auf 180 Grad vorheizen.
3. Die Masse in einen Einweg-Spritzbeutel füllen und die Spitze des Beutels abschneiden. Kleine Mini-Backförmchen oder ein Mini-Muffinsbackblech (oder kleine Silikonförmchen) gut einfetten und die Masse gleichmäßig einfüllen.
4. Im vorgeheizten Backofen knapp 20 Minuten backen. Auskühlen lassen und mit Puderzucker bestäuben.

Hinweis
Kastanienpüree (Maronenpüree) ist im Handel ungesüßt oder gesüsst erhältlich. Je nach verwendetem Produkt muss man die Zuckermenge in den Rezepten entsprechend anpassen. In der Schweiz ist gesüßtes frisches Vermicelles mit Meringueschalen eine beliebte Dessertspezialität im Herbst. Vermicelles kann man auch das ganze Jahr über tiefgekühlt in 200 bis 250 Gramm-Blöcken kaufen. Dieses eignet sich ausgezeichnet für glutenfreie Kuchen.

Kastanien-Nuss-Cake

KASTANIEN-SCHOKOLADEN-KUCHEN

100 g dunkle Schokolade, mind. 55 % Kakaoanteil
100 g weiche Butter
125 g Zucker
4 Eigelb
200 g gesüßtes Kastanienpüree (siehe Hinweis auf Seite 152)
125 g geschälte geriebene Mandeln
½ TL Backpulver
4 Eiweiß
1 Prise Salz

Puderzucker zum Bestäuben

1. Die Schokolade in Stücke brechen, in eine Schüssel geben und über einem Wasserbad schmelzen lassen. Verrühren und leicht abkühlen lassen.
2. Die Butter und den Zucker in einer Schüssel mit dem Handrührgerät gut verrühren. Unter ständigem Rühren die Eigelbe nacheinander beifügen und ausgiebig rühren, bis eine helle, cremige Masse entsteht.
3. Kastanienpüree, Mandeln und Backpulver unterrühren. Am Schluss die geschmolzene Schokolade unterrühren.
4. Den Backofen auf 180 Grad vorheizen. Eine Springform (22–24 cm Durchmesser) leicht einfetten und mit Backpapier auslegen.
5. Das Eiweiß mit dem Salz zu Schnee schlagen und sorgfältig unter die Teigmasse ziehen.
6. Die Masse in die Springform füllen und glatt streichen. Im vorgeheizten Backofen etwa 50 Minuten backen.
7. Auskühlen lassen und vor dem Servieren mit Puderzucker bestäuben.

Tipp
Ein sehr feiner Kuchen, der lange frisch bleibt.

SCHWEIZER RÜEBLITORTE

Karottentorte

300 g Karotten
4 Eigelb
200 g Zucker
250 g geriebene Mandeln
½ unbehandelte Zitrone, abgeriebene Schale und Saft
2 EL Maisstärke
1 TL Backpulver
4 Eiweiß
1 Prise Salz

Glasur:
200 g Puderzucker
3 EL Zitronensaft
2 EL Kirsch

kleine Marzipankarotten zur Dekoration

1. Die Karotten schälen und auf der Bircherreibe fein reiben.
2. Die Eigelbe und den Zucker gründlich zu einer hellen, cremigen Masse rühren. Die geriebenen Karotten, Mandeln, Zitronenschale und -saft daruntermischen. Die Maisstärke und das Backpulver beifügen und alles gut vermengen.
3. Das Eiweiß mit dem Salz steif schlagen und sorgfältig unter die Masse heben.
4. Den Backofen auf 180 Grad vorheizen. Eine runde Springform (24 cm Durchmesser) leicht einfetten und mit Backpapier auslegen.
5. Die Teigmasse einfüllen und glatt streichen. In der unteren Hälfte des vorgeheizten Backofens etwa 45 Minuten backen. Auskühlen und einen Tag ruhen lassen.
6. Für die Glasur den Puderzucker mit Zitronensaft und Kirsch zu einer dickflüssigen Masse verrühren. Die Torte mit der Glasur bestreichen und nach Belieben mit kleinen Marzipankarotten dekorieren.

Schweizer Rüeblitorte

KARTOFFELKUCHEN

200 g mehligkochende Kartoffeln
(z.B. Kochtyp C wie Désirée, Bintje, Agria)
4 Eigelb
175 g Zucker
1 unbehandelte Zitrone, Schale und Saft
150 g geriebene Mandeln oder Haselnüsse
50 g grob gehackte Baumnusskerne
(Walnusskerne)
4 Eiweiß
1 Prise Salz

nach Belieben Puderzucker und/oder
kleine Marzipankartoffeln

1. Die Kartoffeln in der Schale knapp weich garen. Auskühlen lassen.
2. Die Eigelbe und den Zucker in einer Schüssel mit dem Handrührgerät gründlich rühren, bis die Masse hell und cremig ist. Die Kartoffeln schälen und auf der Bircherreibe fein dazureiben. Zitronenschale, Zitronensaft sowie die geriebenen und gehackten Nüsse darunterrühren.
3. Eine runde Springform (22–24 cm Durchmesser) leicht einfetten und mit Backpapier auslegen. Den Backofen auf 180 Grad vorheizen.
4. Das Eiweiß mit dem Salz steif schlagen und sorgfältig unter die Teigmasse heben.
5. Die Masse in die Springform füllen und in der unteren Hälfte des vorgeheizten Backofens etwa 50 Minuten backen. Auskühlen lassen und aus der Form lösen.
6. Nach Belieben mit Puderzucker bestäuben und/oder mit Marzipankartoffeln dekorieren.

LARAS SCHOKOLADENKUCHEN

125 g dunkle Schokolade,
mind. 60 % Kakaoanteil
70 g weiche Butter
100 g Zucker
5 große Eigelb
125 g geriebene Mandeln
½ unbehandelte Zitrone, abgeriebene Schale
2 TL Bourbon-Vanillezucker
1 gehäufter TL Backpulver
5 große Eiweiß
30 g Zucker

1. Eine Springform (22 cm Durchmesser) einfetten, Boden und Rand mit Backpapier auslegen.
2. Die Schokolade in kleine Stücke brechen und über dem Wasserbad schmelzen (siehe Tipps).
3. Die Butter mit dem Zucker in einer Schüssel gründlich rühren, bis eine helle, cremige Masse entsteht.
4. Eigelbe, Mandeln, Zitronenschale, Vanillezucker und Backpulver gut darunterrühren.
5. Den Backofen auf 180 Grad vorheizen.
6. Das Eiweiß leicht aufschlagen und die 30 g Zucker dazugeben, steif schlagen und vorsichtig unter die Eigelb-Mandel-Masse ziehen.
7. Erst am Schluss die geschmolzene lauwarme Schokolade sehr sorgfältig darunterziehen.
8. Den Teig in die Form füllen und im vorgeheizten Backofen 35 bis 40 Minuten backen.

Tipps

Zum Schmelzen von Schokolade über dem Wasserbad einen kleinen Topf knapp zur Hälfte mit Wasser füllen. Aufkochen. Eine etwas größere Schüssel mit den Schokoladenstückchen auf den Topf stellen, ohne dass die Schüssel das Wasser berührt. Das Wasser sollte sieden, nicht kochen.

Dieser fettarme und luftige Kuchen lässt sich gut am Vortag backen und schmeckt am nächsten Tag noch besser.

Laras Schokoladenkuchen

SCHOKOLADEN-BEEREN-GUGELHOPF

150 g dunkle Schokolade, mind. 50 % Kakaoanteil
150 g Butter
125 g Zucker
6 Eigelb
200 g geriebene Mandeln
2 EL Maisstärke (20 g)
1 TL Backpulver
6 Eiweiß
1 Prise Salz
100 g Himbeeren oder Heidelbeeren

1 Beutel weiße Schokoladen-Kuchenglasur
einige schöne Beeren zur Dekoration

1. Die Schokolade in Stücke brechen und über dem Wasserbad schmelzen.
2. Die Butter und den Zucker in einer Schüssel so lange rühren, bis eine helle, cremige Masse entsteht. Die Eigelbe unter ständigem Rühren beifügen. Die geschmolzene Schokolade, die geriebenen Mandeln, Maisstärke und Backpulver unter die Masse rühren.
3. Den Backofen auf 180 Grad vorheizen. Eine Gugelhopfform (von etwa 2,5 Liter Inhalt) mit Butter sehr gut einfetten.
4. Das Eiweiß mit dem Salz zu Schnee schlagen. Die Spitzen sollten sich noch biegen. Sorgfältig unter die Masse heben. Die Beeren leicht darunterheben.
5. Die Masse in die vorbereitete Gugelhopfform füllen. In der unteren Hälfte des vorgeheizten Backofens etwa 50 Minuten backen.
6. Leicht auskühlen lassen und vorsichtig auf ein
7. Gitter stürzen. Die Schokoladen-Kuchenglasur nach Packungsanweisung schmelzen lassen und den Gugelhopf damit übergießen. Mit Beeren dekorieren.

Tipp
Wenn keine frischen Beeren erhältlich sind, kann man auch tiefgekühlte Beeren verwenden.

MANDEL-DATTEL-TORTE

175 g Zucker
5 Eigelb
200 g geschälte, geriebene Mandeln
200 g entsteinte Datteln
50 g Maisstärke
½ unbehandelte Orange, Saft und Schale
1–2 EL Rum
5 Eiweiß
1 Prise Salz

Puderzucker zum Bestäuben

1. Den Zucker und die Eigelbe in einer Schüssel mit dem Handrührgerät gründlich schaumig rühren, bis eine helle, cremige Masse entsteht.
2. Die Mandeln in einer Pfanne ohne Fett rösten, bis sie fein duften. Die Datteln in kleine Würfelchen schneiden. Beides unter die Zucker-Eigelb-Masse rühren. Maisstärke, Orangenschale, Orangensaft und Rum beifügen.
3. Eine runde Springform (22–24 cm Durchmesser) leicht einfetten und mit Backpapier belegen. Den Backofen auf 180 Grad vorheizen.
4. Das Eiweiß mit dem Salz steif schlagen und sorgfältig unter die Masse heben.
5. Den Teig in die Springform füllen und glatt streichen. In der unteren Hälfte des vorgeheizten Backofens etwa 35 bis 40 Minuten backen.
6. Nach Belieben mit Puderzucker bestäuben.

Schokoladen-Beeren-Gugelhopf

SPANISCHER MANDEL-ZITRONEN-KUCHEN

6 Eigelb
200 g Puderzucker
250 g geschälte geriebene Mandeln
2 unbehandelte Zitronen
ca. 5 Tropfen Bittermandelöl
6 Eiweiß
¼ TL Salz

Puderzucker zum Bestäuben

1. Eine Springform (30 cm Durchmesser) leicht einfetten und mit Backpapier auslegen. Den Backofen auf 180 Grad vorheizen.
2. Das Eigelb und den Puderzucker in einer Schüssel mit dem Handrührgerät oder mit einer Küchenmaschine gründlich zu einer hellen, schaumigen Masse rühren.
3. Die Zitronen waschen, trocknen und die Schale abreiben. Von einer halben Zitrone den Saft auspressen. Zitronenschalen, Zitronensaft, Bittermandelöl und die gemahlenen Mandeln unter die Eigelb-Zucker-Masse rühren.
4. Das Eiweiß mit dem Salz in einer zweiten Schüssel steif schlagen. Den Eischnee locker unter die Mandelmasse ziehen.
5. Die Teigmasse in die Form geben und im vorgeheizten Backofen etwa 35 bis 40 Minuten backen.
6. Den Mandelkuchen auskühlen lassen und großzügig mit Puderzucker bestäuben.

MOHNKUCHEN MIT ÄPFELN

150 g weiche Butter
150 g Zucker
6 Eigelb
200 g rote Äpfel
1 unbehandelte Zitrone, abgeriebene Schale und Saft
200 g geschälte geriebene Mandeln
100 g Mohnsamen
2 TL Backpulver
2 TL Zimtpulver
6 Eiweiß
1 Prise Salz

Puderzucker zum Bestäuben

1. Den Boden und den Rand einer Springform (Durchmesser 22–24 cm) leicht einfetten und mit Backpapier auslegen. Den Backofen auf 180 Grad vorheizen.
2. Die Butter und den Zucker in einer Schüssel mit dem Handrührgerät oder in der Küchenmaschine ausgiebig schaumig rühren. Die Eigelbe nacheinander unter ständigem Rühren beifügen. Die Masse sollte hell und cremig sein.
3. Die Äpfel halbieren, Kerngehäuse entfernen und mit der Schale grob raspeln. Mit dem Zitronensaft sofort beträufeln. Zusammen mit abgeriebener Zitronenschale, Mandeln, Mohnsamen, Backpulver und Zimtpulver unter die Masse mischen.
4. Das Eiweiß und das Salz zu Schnee schlagen und sorgfältig unter die Teigmasse heben.
5. Die Teigmasse in die Form geben und in der unteren Hälfte des vorgeheizten Backofens rund 40 Minuten backen. Gegen Ende der Backzeit eine Garprobe machen.
6. In der Form auskühlen lassen und auf ein Kuchengitter stürzen. Mit Puderzucker bestäuben.

Spanischer Mandel-Zitronenkuchen

SCHOKOLADENTORTE MIT ZWIEBACK

160 g dunkle Schokolade,
mind. 50 % Kakaoanteil
180 g Zucker
125 g weiche Butter
5 Eigelb
100 g glutenfreier Zwieback (Schär)
100 g geriebene Mandeln
½ Päckchen Bourbon-Vanillezucker
5 Eiweiß
1 Prise Salz

Puderzucker zum Bestäuben

1. Die Schokolade in kleine Stücke brechen und über dem Wasserbad schmelzen (siehe Tipps Seite 156).
2. Den Zucker und die Butter in einer Schüssel mit der Küchenmaschine oder dem Handrührgerät gründlich rühren, bis eine helle, cremige Masse entsteht.
3. Die Eigelbe einzeln nacheinander darunterrühren.
4. Den Zwieback in Stücke brechen und in einen gut verschließbaren Plastikbeutel geben. Mit dem Teigroller sehr fein zerbröseln. Zusammen mit den Mandeln und dem Vanillezucker unter die Masse rühren.
5. Den Backofen auf 180 Grad vorheizen. Eine Springform (22–24 cm Durchmesser) leicht einfetten und mit Backpapier auslegen.
6. Das Eiweiß mit dem Salz steif schlagen. Den Eischnee sorgfältig und locker unter den Teig ziehen.
7. Die Teigmasse in die Springform füllen, glatt streichen und im vorgeheizten Backofen etwa 50 Minuten backen. Nach Belieben mit Puderzucker bestäuben.

SCHNELLE NUSS-ORANGEN-STENGEL

Für ca. 24 Stengel

120 g geriebene Haselnüsse
120 g geriebene Mandeln
120 g (Vollrohr-)Zucker
1 unbehandelte Bio-Orange, abgeriebene Schale
½ TL Zimtpulver
1 Prise Salz
2 Eier
2 EL Grand Marnier
1 EL Orangensaft

1. Haselnüsse, Mandeln, Zucker, Orangenschale, Zimt und Salz in einer Schüssel gut mischen. Die Eier darunterrühren. So viel Grand Marnier und Orangensaft beifügen, dass ein homogener, nicht allzu fester Teig entsteht.
2. Den Backofen auf 150 Grad vorheizen. Ein großes Backblech leicht einfetten und mit Backpapier belegen.
3. Den Teig auf das Blech verteilen und mit einem nassen Teigschaber etwa 1 cm dick zu einem Rechteck glatt verstreichen.
4. Im vorgeheizten Backofen rund 15 Minuten backen. Noch warm in kleine Stengel (1 × 6 cm) schneiden, auseinander schieben und 3 Minuten auskühlen lassen.

Tipp: Orangeat selbst gemacht
Anstatt Orangenschale kann man 50 g selbst gemachtes Orangeat verwenden. Dazu die Schale von 2 unbehandelten Bio-Orangen dick abschälen. Die Schale in feine Streifchen und diese in kleine Würfelchen schneiden. Mit Akazienhonig gut vermengen und in ein kleines Schraubglas abfüllen. Eine Woche stehen lassen, damit die Orangenwürfelchen gut durchziehen können. Im Kühlschrank hält sich selbst gemachtes Orangeat mehrere Wochen.

ZITRONEN-AMARETTINI

Für ca. 25 Stück

150 g geschälte geriebene Mandeln
135 g Zucker
1 Eiweiß
1 unbehandelte Zitrone, abgeriebene Schale
ca. 5 Tropfen Bittermandelöl
40 g Puderzucker

1. Die Mandeln und den Zucker in einer Schüssel vermischen. Flüssiges Eiweiß, Zitronenschale und Bittermandelöl dazu geben. Alles zu einem relativ weichen, aber kompakten Teig vermengen.
2. Puderzucker auf einer sauberen Arbeitsfläche verstreuen. Den Teig darauf leicht verkneten. Aus dem Teig etwa 25 nussgroße Kugeln formen. Diese nochmals im Puderzucker wenden und auf ein mit Backpapier belegtes großes Backblech legen. Über Nacht oder für 12 Stunden trocknen lassen.
3. Im vorgeheizten Backofen bei 160 Grad etwa 15 Minuten backen.
4. Überraschen Sie Ihre Gäste zum Kaffee mit diesem italienischen Konfekt!

Tipps

Für knusprige Amaretti die Backzeit verlängern.

Statt Bittermandelöl kann man auch 1 EL Amaretto-Likör verwenden.

Varianten

Für Orangen-Amarettini die Zitronenschale durch Orangenschale ersetzen.

Für Schokoladen-Amarettini zusätzlich 2 Esslöffel Schokoladenpulver unter den Teig mischen.

AMARANTH-SCHOKOLADEN-GEBÄCK

Für 55 bis 60 Stück

50 g weiche Butter
50 g (Vollrohr-)Zucker
1 TL Bourbon-Vanillezucker
2 EL Rahm (Sahne)
70 g Pfeilwurzelmehl oder Tapiokastärke
75 g gepuffter Amaranth
100 g Schokoladenwürfelchen

1. Den Backofen auf 200 Grad vorheizen.
2. Zwei große Backbleche mit Backpapier belegen.
3. Die Butter und den Zucker mit dem Handrührgerät gründlich rühren, bis eine helle, cremige Masse entsteht. Die restlichen Zutaten daruntermischen.
4. Aus dem Teig mit zwei Teelöffeln kleine Häufchen formen und auf die Backbleche legen.
5. Im vorgeheizten Backofen rund 5 bis 6 Minuten backen.

Produktehinweis

Pfeilwurzelmehl (Maranta, Arrowroot) und Tapiokastärke (aus der Maniokwurzel) sind ausgezeichnete Bindemittel. Ersatzweise kann man auch Maisstärke verwenden.

Backspezialitäten zu den Jahresfesten

DREIKÖNIGSKUCHEN

250 g glutenfreie Mehlmischung (Hammermühle Mehl-Mix hell oder Schär Brot-Mix oder Morga Zopfmehl-Mix)
½ TL Salz
200 ml lauwarme Milch
1 EL Zucker
20 g Frischhefe
50 g flüssige Butter
1 Ei
50 g Sultaninen
1 unbehandelte Zitrone, abgeriebene Schale
1 kleine Königsfigur (aus Kunststoff) oder ersatzweise eine geschälte ganze Mandel

1 Eigelb zum Bestreichen
1 EL Aprikosenkonfitüre
2 EL Wasser
wenig Hagelzucker oder Mandelblättchen zum Bestreuen

1. Mehl und Salz in einer großen Schüssel mischen. In der Mitte eine Mulde formen. Die Hefe in wenig Milch und Zucker auflösen, die restliche Milch dazugeben und in die Mehlmulde gießen. Butter, Ei, Sultaninen und Zitronenschale beifügen.
2. Mit der Küchenmaschine oder dem Handrührgerät gründlich zu einem Teig kneten. An einem warmen Ort mindestens 1 Stunde gehen lassen.
3. Eine runde Backform leicht einfetten und mit Backpapier auslegen.
4. Aus dem Teig mit leicht bemehlten Händen 6 kleine und 1 größere Kugel formen. In eine der kleinen Kugeln eine Königsfigur (oder eine geschälte ganze Mandel) stecken. Die große Teigkugel in die Mitte der Form legen und die kleinen Kugeln rundherum anordnen. Nochmals 15 bis 20 Minuten gehen lassen.
5. Den Backofen auf 175 Grad vorheizen.
6. Die Teigkugeln mit Eigelb bestreichen und in der unteren Hälfte des vorgeheizten Backofens etwa 45 Minuten backen. Leicht auskühlen lassen.
7. Die Aprikosenkonfitüre mit dem Wasser erwärmen und den noch warmen Königskuchen damit bestreichen. Mit Hagelzucker oder Mandelblättchen bestreuen.

Tipps
Der Königskuchen schmeckt frisch besonders gut.

Man kann ihn auch portionenweise tiefkühlen.

Der süße Hefeteig eignet sich nicht nur für das traditionelle Gebäck zum Dreikönigstag am 6. Januar, sondern als feines süßes Gebäck zu jeder Jahreszeit.

FASNACHTSKÜCHLEIN

3 Eier
15 g Puderzucker
1 Prise Salz
300 g glutenfreie Mehlmischung
(Schär Mehl Farine oder Finax Universalmehl)
50 g Butter

Frittieröl zum Ausbacken
Puderzucker zum Bestäuben

1. Eier, Puderzucker und Salz in einer Schüssel gut schaumig rühren. Das Mehl darunterrühren. Die Butter in einer kleinen Pfanne leicht erwärmen und dazugießen. Alles zu einem festen, elastischen Teig vermengen. Eine Stunde ruhen lassen.
2. Aus dem Teig etwa 80 g schwere Kugeln formen und diese dünn rund ausrollen. Mit Hilfe einer runden Backform (Kuchenblech, Springform) Teigfladen von 25 cm Durchmesser ausstechen. Den restlichen Teig wieder für die nächste Teigkugel verwenden.
3. Das Öl auf 150 Grad erhitzen. Die Teigfladen zuerst 1½ Minuten schwimmend backen, dann einmal wenden und nochmals 1½ Minuten ausbacken (Backzeit insgesamt 3 Minuten). Auf Haushaltpapier abtropfen lassen und mit Puderzucker bestäuben.

Tipps
Das Ausrollen der runden Teigfladen geht leichter, wenn man etwas mehr Teig nimmt als benötigt.

Die Teigfladen in der Fritteuse ohne Frittierkorb schwimmend ausbacken.

HASELNUSSSTENGEL

80 g Zucker
1 Eiweiß
½ Eigelb
1 Prise Salz
150 g ganze Haselnüsse
1 unbehandelte Zitrone, abgeriebene Schale
1 Päckchen Bourbon-Vanillezucker
125 g glutenfreie Mehlmischung (Finax Universalmehl oder Hammermühle Mehl-Mix hell)
2 TL Backpulver

½ Eigelb und etwas Milch zum Bestreichen

1. Zucker, Eiweiß, Eigelb und Salz in einer Schüssel mit dem Handrührgerät gründlich rühren, bis eine helle Masse entsteht.
2. Die Hälfte der Nüsse fein reiben und zusammen mit den restlichen ganzen Nüssen, der Zitronenschale und dem Vanillezucker daruntermischen. Zuletzt das Mehl und das Backpulver beifügen und zu einem festen Teig zusammenfügen.
3. Den Backofen auf 180 Grad vorheizen. Ein großes Backblech mit Backpapier belegen.
4. Den Teig zu Rollen formen und auf das Backpapier legen. Mit dem Teigroller etwa 1 cm dick flach drücken. Eigelb und Milch verrühren und damit die Teigoberfläche bestreichen.
5. Im vorgeheizten Backofen 15 bis 20 Minuten backen. Noch heiß in fingerdicke Stengel schneiden und mit der Schnittfläche nach oben im ausgeschalteten Backofen trocknen lassen.

Variante
Die Haselnüsse durch fein gehackte Baumnusskerne (Walnusskerne) ersetzen.

OSTERKÜCHLEIN

Für 8 Küchlein von 8–10 cm Durchmesser

Teig:
200 g glutenfreie Mehlmischung (Hammermühle Mehl-Mix hell oder Schär Kuchen & Kekse oder Bauckhof Mehl-Mix Kuchen)
1 EL Zucker
1 Prise Salz
50 g kalte Butter
80 g Magerquark
1 Ei
½ unbehandelte Zitrone, abgeriebene Schale

Füllung:
2 Eigelb
80 g Zucker
200 ml Rahm (Sahne)
½ unbehandelte Zitrone, abgeriebene Schale
2 gestrichene EL Maisstärke
100 g geschälte geriebene Mandeln
2–3 EL Rosinen, in Wasser eingeweicht
2 Eiweiß
1 Prise Salz
3 EL Aprikosenkonfitüre

Puderzucker zum Bestäuben
nach Belieben kleine Zuckereier
zur Dekoration

1. Für den Teig Mehl, Zucker und Salz vermischen. Kalte Butter in kleine Stückchen schneiden und mit dem Mehl zwischen den Händen krümelig verreiben. Quark, verklopftes Ei und Zitronenschale beifügen und alles rasch zu einem Teig zusammenfügen (nicht kneten). Den Teig zu einer Kugel formen, flach drücken und in Klarsichtfolie verpackt für 20 Minuten kühl stellen.
2. Inzwischen für die Füllung Eigelb und Zucker in einer Schüssel zu einer hellen, cremigen Masse verrühren. Rahm, Zitronenschale, Maisstärke und Mandeln unterrühren. Am Schluss die gut abgetropften Rosinen untermischen. Eiweiß und Salz steif schlagen. Den Eischnee locker unter die Masse heben.
3. Den Backofen auf 200 Grad vorheizen.
4. Den Teig in 8 gleich große Kugeln teilen. Jede Teigkugel zwischen einer Klarsichtfolie zu kleinen runden Teigfladen ausrollen (ca. 11 cm Durchmesser). Gut gebutterte Förmchen damit belegen. Die Teigböden mit einer Gabel mehrmals einstechen und mit wenig Aprikosenkonfitüre bestreichen. Die Eier-Rahmmasse in die Förmchen verteilen.
5. Im vorgeheizten Backofen etwa 25 bis 30 Minuten backen. Sobald die Oberfläche sich bräunt, mit Alufolie abdecken. Nach dem Backen auskühlen lassen und vor dem Servieren mit Puderzucker bestäuben und nach Belieben mit kleinen Zuckereiern dekorieren.

Tipp
Die Zutaten reichen auch für einen großen Osterkuchen (26 cm Durchmesser). Die Backzeit verlängert sich um rund 10 Minuten.

BERNER LECKERLI

Für ca. 70 Stück

300 g geriebene Haselnüsse
100 g Orangeat
2 EL Maisstärke
1 TL Zimtpulver
1 EL Honig
2 Eiweiß
250 g Zucker

Zuckerglasur:
100 g Puderzucker
2 EL Zitronensaft

1. Die Haselnüsse in einer Pfanne ohne Fettzugabe unter ständigem Rühren leicht rösten, bis sie fein duften. Das Orangeat sehr fein hacken. Alle Zutaten bis und mit Honig in einer Schüssel gut vermischen.
2. In einer zweiten Schüssel das Eiweiß steif schlagen und dabei den Zucker langsam einrieseln lassen, bis eine glänzende Masse entsteht. Unter die Nussmasse heben.
3. Ein Backpapier auf einem großen Backblech mit etwas Zucker bestreuen und den feuchten Teig darauf knapp 1 cm dick ausrollen. (Eine Klarsichtfolie darüberlegen, damit der Teig beim Ausrollen nicht klebt.) Bei Zimmertemperatur über Nacht antrocknen lassen.
4. Am nächsten Tag den Backofen auf 150 Grad vorheizen.
5. Die Leckerli in der unteren Hälfte des vorgeheizten Backofens etwa 20 Minuten backen.
6. In einer kleinen Schüssel Puderzucker und Zitronensaft gut verrühren. Die noch warmen Leckerli damit bestreichen. Trocknen lassen und in 2 × 4 cm große Stücke schneiden.

MAGENBROT

500 g glutenfreie Mehlmischung (Schär Kuchen & Kekse oder Hammermühle Mehl-Mix hell oder Bauckhof Mehl-Mix Kuchen)
500 g Zucker
1 EL Zimtpulver
1 EL Nelkenpulver
2 TL Backpulver
400 ml Wasser

Guss:
250 g Kochschokolade
450 g Puderzucker
200 ml Wasser
10 g Stück Butter

1. Den Backofen auf 180 Grad vorheizen. Ein großes Blech leicht einfetten und mit Backpapier belegen.
2. Mehl, Zucker, Zimtpulver, Nelkenpulver und Backpulver in einer großen Schüssel mischen. Das Wasser beifügen und alles gut verrühren. Den Teig auf das Backblech gießen und glatt streichen.
3. Im vorgeheizten Backofen rund 20–25 Minuten backen. Auskühlen lassen. In 2 × 4 cm große Würfel schneiden.
4. Alle Zutaten für den Guss in einer großen Pfanne verrühren, kurz aufkochen und Pfanne vom Herd ziehen. Die Magenbrotwürfel portionenweise nacheinander in den heißen, dickflüssigen Schokoladenguss geben. Mit einem Schaumlöffel sorgfältig herausnehmen, abtropfen lassen und auf Backpapier erkalten lassen. Die Würfel auseinander legen, damit sie beim Erkalten nicht zusammenkleben.

Hinweis
Magenbrot ist eine beliebte Spezialität auf Jahrmärkten.

Magenbrot

ADVENTSBROT MIT ÄPFELN

100–150 g gemischte ungeschwefelte Trockenfrüchte, z. B. Aprikosen, Rosinen, Zwetschgen, Feigen
150 ml Wasser
250 g glutenfreie Mehlmischung (Hammermühle Mehl-Mix rustikal oder Zwicky Basis Mehlmischung oder Schär Kuchen & Kekse)
100 g gehackte Baumnusskerne (Walnusskerne)
100 g gehackte Mandeln
1 EL Lebkuchen- oder Birnbrotgewürz
1 EL Zimtpulver
1 TL Salz
1 EL Backpulver
400 g Äpfel
Saft von ½ Zitrone

einige ganze geschälte Mandeln
zur Dekoration

1. Die Trockenfrüchte klein schneiden und im Wasser etwa 30 Minuten einweichen.
2. Mehl, Nüsse, Mandeln und alle Gewürze sowie das Backpulver in einer großen Schüssel mischen. Die Trockenfrüchte mit dem Einweichwasser beifügen. Die Äpfel schälen, halbieren und das Kerngehäuse entfernen. Die Äpfel grob hineinraspeln und den Zitronensaft darübergeben, mischen.
3. Den Backofen auf 180 Grad vorheizen. Eine längliche Kuchenform (30 cm) leicht einfetten und mit Backpapier auslegen.
4. Die Teigmasse in die Form füllen, glatt streichen und mit ganzen Mandeln dekorieren.
5. Im vorgeheizten Backofen rund 1 Stunde backen.

Tipps
Das saftige Früchtebrot in dünne Scheiben schneiden und mit wenig Butter bestreichen. Eine feine Zwischenmahlzeit und ein idealer Imbiss für unterwegs.

Zwei kleine Brote backen, eines frisch essen und das andere tiefkühlen oder nur die halbe Menge zubereiten.

LEBKUCHEN

500 g glutenfreie Mehlmischung (Schär Kuchen & Kekse oder Bauckhof Mehl-Mix Kuchen)
300 g Zucker
100 g geriebene Mandeln
100 g Orangeat
1 Päckchen Backpulver
2½ EL Lebkuchengewürz
200 g (Akazien-)Honig
50 g Butter
50 ml Rahm (Sahne)
3 Eier

200 g ganze geschälte Mandeln
zur Dekoration

1. Mehl, Zucker, Mandeln, Orangeat, Backpulver und Lebkuchengewürz in einer großen Schüssel gut mischen.
2. Honig, Butter und Rahm in einem kleinen Pfännchen leicht erwärmen und darunterrühren. Am Schluss die Eier verquirlen, dazugeben und alles zu einem Teig rühren. Zugedeckt mindestens 1 Stunde kühl stellen.
3. Den Backofen auf 180 Grad vorheizen.
4. Ein großes Backblech mit Backpapier belegen. Den Teig darauf verteilen und glatt streichen. In regelmäßigem Abstand die ganzen Mandeln darauf verteilen.
5. Im vorgeheizten Backofen etwa 30 Minuten backen. Noch warm in kleine Quadrate schneiden.

Variante
Das Orangeat durch Zitronat ersetzen.

SCHNELLER LEBKUCHEN

150 g (Roh-)Zucker
50 g Honig
ca. 150 ml Milch
2 EL Öl
1 EL Kakaopulver
1 EL Lebkuchengewürz
1 Prise Salz
250 g glutenfreie Mehlmischung (Bauckhof Mehl-Mix Kuchen oder Schär Kuchen & Kekse oder Finax Universalmehl)
½ Päckchen Backpulver

100 g ganze geschälte Mandeln

1. Den Backofen auf 200 Grad vorheizen.
2. Zucker, Honig, Milch, Öl, Kakaopulver, Lebkuchengewürz und Salz in einer großen Schüssel gut verrühren.
3. Das Mehl und das Backpulver beifügen und von Hand oder mit dem Handrührgerät gut rühren.
4. Ein Backblech (30 × 30 cm) mit Backpapier belegen.
5. Die Masse auf das Blech verteilen und glatt streichen. Die ganzen Mandeln auf dem Teig verteilen.
6. Im vorgeheizten Backofen etwa 20 Minuten backen.
7. Den Lebkuchen noch warm in kleine Stücke schneiden.

Tipps
Je 50 g Orangeat- und Zitronatwürfelchen unter den Teig mischen.

Für ein großes rechteckiges Backblech die doppelte Menge nehmen. Lässt sich gut einfrieren.

MANDELSPEKULATIUS

Für ca. 70 Stück

200 g Butter
200 g Puderzucker
400 g glutenfreie Mehlmischung (Schär Mehl Farine oder Hammermühle Mehl-Mix hell)
1 Msp. Backpulver
50 g geschälte geriebene Mandeln
½ TL Zimtpulver
1 Msp. Kardamompulver
1 Msp. Nelkenpulver
1 Msp. Salz
1 Ei

1 Eiweiß
etwa 80 g geschälte, ganze Mandeln zur Dekoration

1. Die Butter und den Puderzucker in einer Schüssel mit dem Handrührgerät so lange rühren, bis eine helle, schaumige Masse entsteht.
2. Mehl, Backpulver, Mandeln und alle Gewürze mischen und auf die Arbeitsfläche häufen. In der Mitte eine Mulde formen. Die Butter-Puderzucker-Masse und das Ei in die Mitte geben und alle Zutaten rasch zu einem glatten Teig zusammenfügen. Den Teig in Klarsichtfolie einpacken und etwa 1 Stunde kühl stellen.
3. Den Backofen auf 200 Grad vorheizen. Zwei große Bleche mit Backpapier belegen.
4. Den Teig auf der leicht bemehlten Arbeitsfläche etwa 3 mm dick ausrollen und beliebige Formen ausstechen. Diese dicht nebeneinander auf die Bleche legen, mit Eiweiß bestreichen und mit einer geschälten Mandel dekorieren.
5. In der Mitte des vorgeheizten Backofens rund 10 Minuten backen.

GRITTIBÄNZE

Teigmännchen

400 g glutenfreie Mehlmischung (Hammermühle Mehl-Mix hell oder Schär Brot-Mix)
100 g glutenfreie Mehlmischung (Hammermühle Mehl-Mix rustikal oder Zwicky Basis Mehlmischung oder Morga Zopfmehl-Mix)
70 g Zucker
1 TL Salz
250 ml Milch
180 g Rahmquark (Sahnequark)
30 g Frischhefe
80 g Butter

2 Eigelb und etwas Öl zum Bestreichen
Hagelzucker zum Bestreuen

1. Die beiden Mehlmischungen, den Zucker und das Salz in einer großen Schüssel mischen. In der Mitte eine Mulde formen. Die Milch und den Quark leicht erwärmen und in die Mulde gießen. Die Hefe zerbröckeln und in die Flüssigkeit einrühren. Alles zu einem Teig vermengen. Am Schluss die Butter schmelzen und beifügen.
2. Mit der Küchenmaschine oder dem Handrührgerät gründlich zu einem Teig kneten. Mit einem feuchten Tuch zudecken und an einem warmen Ort mindestens 1 Stunde gehen lassen.
3. Den Backofen auf 200 Grad vorheizen.
4. Den Teig in zwei gleich große Stücke teilen. Aus jedem Teigstück einen ovalen Körper mit Kopf formen. Für die Arme und Beine an den entsprechenden Stellen einschneiden. Nach Belieben eine Mütze formen. Für Augen, Nase und Hosenknöpfe Rosinen verwenden. Aus Zweiglein eine Rute basteln und die Teigmännchen damit dekorieren. Auf ein großes mit Backpapier belegtes Blech legen.
5. Eigelbe und Öl vermischen und die Teigmännchen damit bestreichen. Mit Hagelzucker bestreuen. Nochmals 10 bis 15 Minuten gehen lassen.
6. Im vorgeheizten Backofen etwa 35 bis 40 Minuten backen.

Hinweis

Man kann auch 500 g Schär Brot-Mix oder 500 g Morga Zopfmehl-Mix verwenden. In diesem Fall die Milchmenge leicht anpassen.

SCHOKOLADEN-ORANGEN-PLÄTZCHEN

Für ca. 45 Stück

100 g dunkle Schokolade, mind. 55 % Kakaoanteil
250 g geriebene Mandeln
150 g Zucker
1 unbehandelte Orange, abgeriebene Schale
¼ TL Zimtpulver
¼ TL Ingwerpulver
1 Msp. Nelkenpulver
2 Eiweiß
1 Prise Salz
1 EL Orangenlikör (z. B. Grand Marnier)

1. Die Schokolade in Stücke schneiden und über dem Wasserbad schmelzen lassen.
2. Geriebene Mandeln, Zucker, Orangenschale und Gewürze in einer Schüssel mischen.
3. Das Eiweiß mit dem Salz leicht aufschlagen und darunterheben.
4. Die geschmolzene Schokolade und den Orangenlikör beifügen und alles zu einem Teig vermengen.
5. Zwei große Bleche mit Backpapier belegen.
6. Um ein Festkleben zu verhindern, den Teig zwischen zwei Klarsichtfolien etwa 1 cm dick ausrollen. Aus dem Teig beliebige Formen ausstechen und auf die Backbleche legen. Über Nacht trocknen lassen.
7. Am nächsten Tag den Backofen auf 220 Grad vorheizen.
8. Die Schokoladen-Orangen-Plätzchen in der Mitte des vorgeheizten Backofens 4 bis 6 Minuten backen.

MANDEL-ORANGENSTERNE

3 Eigelb
130 g Zucker
1 unbehandelte Orange, abgeriebene Schale
1 EL frisch gepresster Orangensaft
230 g geriebene Mandeln

Glasur:
100 g Puderzucker
2 EL frisch gepresster Orangensaft

1. Die Eigelbe und den Zucker in einer Schüssel mit dem Handrührgerät schaumig rühren. Die Orangenschale und den Orangensaft darunterrühren. Die Mandeln beigeben und alles zu einem geschmeidigen Teig verarbeiten. In Klarsichtfolie verpackt rund 30 Minuten in den Kühlschrank legen.
2. Den Backofen auf 180 Grad vorheizen. Ein großes Blech mit Backpapier belegen.
3. Den Teig etwa 6 mm dick ausrollen und Sterne ausstechen. Auf das Blech legen und im vorgeheizten Backofen 15 Minuten backen.
4. Für die Glasur den Puderzucker und den Orangensaft verrühren und die noch heißen Mandelsterne damit bestreichen.

Tipps
Nach Belieben einen Esslöffel Grand Marnier unter die Teigmasse rühren.

Das nicht verwendete Eiweiß für Zimtsterne verwenden.

Variante
Für Zitronensterne die Orange durch eine Zitrone ersetzen.

ZIMTSTERNE

Für ca. 50 Stück

2 frische Eiweiße (etwa 70 g)
1 Prise Salz
200 g Zucker
ca. 450 g geriebene Mandeln
1 ½ EL Zimtpulver
1 EL Zitronensaft

Zitronenglasur:
150 g Puderzucker
2–3 EL Zitronensaft

1. Das Eiweiß mit dem Salz in einer Schüssel mit dem Schneebesen leicht aufschlagen. Den Zucker portionenweise dazu geben und verrühren.
2. Mandeln, Zimtpulver, Zitronensaft beifügen und zu einem Teig zusammenfügen.
3. Den Teig in zwei Portionen auf ein Backpapier geben, eine Klarsichtfolie darüberlegen und mit Hilfe von Teighölzern 1 cm dick ausrollen.
4. Aus dem Teig Sterne ausstechen und auf zwei mit Backpapier belegte große Bleche legen. Das Ausstechförmchen immer wieder in ein mit Zucker gefülltes Schälchen drücken. So lassen sich die Sterne besser aus den Förmchen herauslösen.
5. Im vorgeheizten Backofen bei 220 Grad etwa 5 bis 6 Minuten backen. Auskühlen lassen.
6. Für die Glasur den Puderzucker und den Zitronensaft gut verrühren und die Zimtsterne darin eintauchen. Trocknen lassen.

SPITZBUBEN

250 g Butter
125 g Zucker
1 Päckchen Bourbon-Vanillezucker
1 Prise Salz
1 Eiweiß
350 g glutenfreie Mehlmischung (Schär Mehl Farine oder Hammermühle Mehl-Mix hell)

Himbeer- oder Aprikosenkonfitüre zum Bestreichen
Puderzucker zum Bestäuben

1. Butter, Zucker, Vanillezucker und Salz in einer Schüssel rühren, bis eine helle, cremige Masse entsteht.
2. Das Eiweiß und das Mehl darunterrühren und alles zu einem Teig verarbeiten. Zugedeckt mindestens 30 Minuten kühl stellen.
3. Die Arbeitsfläche gleichmäßig mit Puderzucker bestäuben und den Teig darauf 3 mm dünn ausrollen.
4. Rondellen von etwa 3 bis 4 cm Durchmesser ausstechen. Bei der Hälfte der Teigrondellen in der Mitte ein kleines Loch ausstechen. Alle Teigrondellen auf ein mit Backpapier belegtes großes Backblech legen.
5. Vor dem Backen nochmals für 1 Stunde kühl stellen.
6. Den Backofen auf 200 Grad vorheizen.
7. Die Rondellen etwa 8 Minuten backen und auskühlen lassen.
8. Die Rondellen ohne Loch mit Konfitüre bestreichen. Die mit Loch mit Puderzucker bestäuben und auf die mit Konfitüre bestrichenen Rondellen setzen.

Tipp
Um ein Kleben zu vermeiden, den Mürbeteig portionenweise verarbeiten und immer wieder kühl stellen. Am besten gibt man den Teig in einen kleinen Haushaltplastikbeutel, rollt ihn auf die gewünschte Dicke aus und legt ihn in den Tiefkühler. Halb gefrorener Mürbeteig lässt sich viel besser ausstechen.

ANIS-CHRÄBELI

2 Eier
230 g Puderzucker
1 Prise Salz
150 g helles Mandelmehl
100 g helles Reismehl
1–2 EL Anissamen
½–1 EL Kirsch (Kirschwasser)
knapp ½ TL Xanthan

Butter zum Einfetten

1. Eier, Puderzucker und Salz in einer Schüssel mit dem Handrührgerät einige Minuten gründlich rühren, bis eine helle, cremige Masse entsteht.
2. Mandel- und Reismehl, Anissamen, Kirsch und Xanthan dazugeben und unterrühren. Von Hand zusammenfügen, sodass ein geschmeidiger Teig entsteht. (Der feuchte Teig bindet nach kurzer Zeit und wird gut formbar. Andernfalls noch Reismehl einarbeiten.)
3. Aus dem Teig fingerdicke Rollen formen und in 5 cm lange Stücke schneiden. Jedes Stück dreimal einschneiden, leicht biegen und auf ein mit Backpapier belegtes großes Backblech legen.
4. Den Backofen auf 150 Grad vorheizen. Etwa 20 bis 25 Minuten backen.
5. Die gebackenen Anis-Chräbeli sollten noch etwas weich sein. Sorgfältig vom Blech lösen und auf einem Kuchengitter auskühlen lassen.

Tipp
Schneller geht es mit einfachen Anisplätzchen. Dafür den Teig auf einer mit Reismehl bestäubten Silikonbackmatte etwa 1 cm dick ausrollen. Damit der Teig beim Ausrollen nicht klebt, einen aufgeschnittenen Haushaltplastikbeutel darauflegen. Die Oberfläche sollte schön glatt sein. Mit beliebigen Förmchen Plätzchen ausstechen und ausbacken.

BASLER BRUNSLI

100 g dunkle Schokolade, mind. 70 % Kakaoanteil
150 g Zucker
250 g geriebene Mandeln
½ TL Zimtpulver
1 Msp. Nelkenpulver
2 Eiweiß
1 EL Kirsch (Kirschwasser)

Zucker zum Ausrollen und Ausstechen

1. Die Schokolade fein reiben. Mit Zucker, Mandeln, Zimt- und Nelkenpulver gut vermischen.
2. Das Eiweiß mit dem Kirsch leicht aufschlagen und daruntermischen. Rasch zu einem festen Teig verkneten. In den Kühlschrank stellen.
3. Zwei große Bleche mit Backpapier belegen.
4. Den Teig portionenweise auf der mit Zucker bestreuten Arbeitsfläche knapp 1 cm dick ausrollen. Den Teig mit beliebigen Förmchen ausstechen. Die Brunsli auf das Backblech legen und zwei Stunden an einem kühlen Ort ruhen lassen.
5. Den Backofen auf 150 Grad vorheizen.
6. Die Brunsli im vorgeheizten Backofen etwa 20 Minuten backen. Sie sollten innen noch leicht feucht sein.

HAGEBUTTEN-SPITZBUBEN

Für ca. 40 Stück

3 Eiweiß
1 Prise Salz
150 g Zucker
4 EL Hagebuttenkonfitüre
450 g geriebene Mandeln
150 g glutenfreie Mehlmischung (Schär Mehl Farine oder Zwicky Basis Mehlmischung)

250–300 g Hagebuttenkonfitüre zum Füllen
Puderzucker zum Bestäuben

1. Das Eiweiß mit dem Salz sehr steif schlagen, den Zucker löffelweise beifügen und weiterschlagen. Die Hagebuttenkonfitüre beigeben und kurz weiterschlagen, bis die Masse gut gemischt ist. Die Mandeln und das Mehl sorgfältig daruntermischen, bis ein fester Teig entsteht. Über Nacht zugedeckt ruhen lassen.
2. Die Arbeitsfläche gleichmäßig mit glutenfreiem Mehl bestäuben. Den Teig in 4 Portionen teilen. Jedes Teigstück darauf 2 bis 3 mm dünn ausrollen.
3. Den Backofen auf 200 Grad vorheizen.
4. Rondellen von etwa 6 bis 8 cm Durchmesser ausstechen. Bei der Hälfte der Teigrondellen in der Mitte ein kleines Loch ausstechen. Alle Teigrondellen auf ein mit Backpapier belegtes großes Backblech legen.
5. Im vorgeheizten Backofen etwa 4 bis 5 Minuten backen.
6. Die Hagebuttenkonfitüre leicht erwärmen. Die Rondellen ohne Loch mit Hagebuttenkonfitüre bestreichen. Die mit Loch mit Puderzucker bestäuben und auf die mit Konfitüre bestrichenen Rondellen setzen.

Einfachere Variante
Den Teig etwas dicker (etwa 5 mm dick) ausrollen und einfache Formen (z. B. Blume, Kleeblatt) ausstechen. Mit dem Daumen eine kleine Vertiefung in der Mitte eindrücken und diese mit wenig Hagebuttenkonfitüre füllen. Bei 200 Grad rund 8 bis 10 Minuten backen. Der Teig reicht für etwa 70 Stück.

ZITRONEN-SABLÉS

Für ca. 50 Stück

175 g weiche Butter
100 g Zucker
2 TL Bourbon-Vanillezucker
50 g sehr fein gehacktes Zitronat
½ unbehandelte Zitrone, abgeriebene Schale
1–2 EL Milch
1 Prise Salz
250 g glutenfreie Mehlmischung (Schär Mehl Farine oder Bauckhof Mehl-Mix Universal oder Finax Universalmehl)

1. Die Butter mit der Küchenmaschine oder mit dem Handrührgerät cremig rühren. Zucker, Vanillezucker, Zitronat, Zitronenschale, Milch und Salz beifügen und gründlich rühren. Am Schluss das Mehl kurz unterrühren und zu einem Teig rasch zusammenfügen.
2. Den Teig halbieren und zu zwei Rollen von 3 bis 4 cm Durchmesser formen. In Klarsichtfolie einpacken und für 1 Stunde kühl stellen oder für 25 Minuten tiefkühlen.
3. Den Backofen auf 200 Grad vorheizen. Ein großes Backblech mit Backpapier belegen.
4. Zuerst eine Teigrolle in etwa 5 mm dicke Scheiben schneiden und mit genügend Abstand auf das Blech legen.
5. Sofort im vorgeheizten Backofen etwa 8 bis 10 Minuten leicht goldgelb backen. Auf einem Kuchengitter auskühlen lassen. Danach mit der zweiten Teigrolle gleich verfahren.

Variante
Für Orangen-Sablés die Zitronenschale und das Zitronat durch Orangenschale und Orangeat ersetzen.

MAILÄNDERLI

Buttergebäck

250 g weiche Butter
2 Eier
250 g Zucker
2 Prisen Salz
1 unbehandelte Zitrone, abgeriebene Schale
500 g glutenfreie Mehlmischung (Schär Mehl Farine oder Hammermühle Mehl-Mix hell)
nach Bedarf etwas Wasser

2 Eigelb und wenig Öl zum Bestreichen

1. Die Butter mit der Küchenmaschine oder dem Handrührgerät so lange rühren, bis sie schön cremig ist. Die Eier beifügen und weiterrühren, bis die Masse hell ist.
2. Dann Zucker, Salz, Zitronenschale und Mehl dazugeben und zu einem Teig verarbeiten. Bei Bedarf etwas Wasser einarbeiten. Flach ausrollen und in einen Plastikbeutel verpacken. 30 Minuten kühl stellen.
3. Zwei große Bleche mit Backpapier belegen.
4. Den Teig portionenweise auf einer leicht bemehlten Arbeitsfläche etwa 6 mm dick ausrollen. Beliebige Formen ausstechen und auf das Backblech legen. Nochmals für 1 Stunde kühl stellen.
5. Das Eigelb mit etwas Öl verrühren und die Teigplätzchen damit bestreichen.
6. In der Mitte des vorgeheizten Backofens bei 200 Grad etwa 10 bis 15 Minuten backen.

Tipp

Was wäre Weihnachten ohne dieses klassische Buttergebäck? Der Teig lässt sich gut im Voraus zubereiten und tiefkühlen. Während der Advents- und Weihnachtszeit kann man die benötigte Menge schnell auftauen und jeweils frisch genießen.

Varianten

Schokoladen-Mailänderli: Die fertig gebackenen Mailänderli zur Hälfte in geschmolzene Schokoladen-Kuchenglasur tauchen und trocknen lassen.

Bunte Mailänderli: Zusätzlich 100 Gramm sehr fein gehackte, bunt gemischte Orangeatwürfelchen unter den Teig mischen.

Cranberry-Mailänderli: Zusätzlich 4 Esslöffel sehr fein gehackte getrocknete Cranberrys (Preiselbeeren) unter den Teig mischen und die Zitronenschale durch Orangenschale ersetzen. Statt Eigelb einen Guss aus Puderzucker und Orangensaft rühren und das Gebäck damit bestreichen.

HASELNUSSMAKRÖNCHEN

Für ca. 40 Stück

3 Eiweiß
1 Prise Salz
100 g Zucker
300 g gemahlene Haselnüsse
1 Msp. Zimtpulver

ganze Haselnüsse zur Dekoration

1. Den Backofen auf 180 Grad vorheizen. Ein großes Blech mit Backpapier belegen.
2. Das Eiweiß mit dem Salz sehr steif schlagen. Die Hälfte des Zuckers beifügen und so lange weiter schlagen, bis eine glänzende Masse entsteht.
3. Den restlichen Zucker, das Zimtpulver und die gemahlenen Haselnüsse darunterrühren.
4. Mit zwei Teelöffeln kleine Teighäufchen auf das Blech setzen. Jeweils mit einer ganzen Haselnuss dekorieren.
5. Die Haselnussmakrönchen in der Mitte des vorgeheizten Backofens etwa 10 Minuten backen.

Tipp
Vor dem Backen die Makrönchen bei Zimmertemperatur einige Stunden trocknen lassen. So laufen die Makrönchen beim Backen weniger auseinander.

Varianten
Für Mandelmakrönchen die Haselnüsse durch geschälte, geriebene Mandeln ersetzen und mit einer geschälten, ganzen Mandel dekorieren.

Für Pistazienmakrönchen die Haselnüsse durch 250 g geschälte, geriebene Mandeln und etwa 75 g gemahlene Pistazien ersetzen. Ganze Pistazien zur Dekoration verwenden.

SCHOKOLADENMAKRÖNCHEN

Für ca. 30 Stück

3 Eiweiß
1 Prise Salz
150 g Zucker
300 g geriebene Mandeln
75 g Kakaopulver

1. Den Backofen auf 180 Grad vorheizen. Ein großes Blech mit Backpapier belegen.
2. Das Eiweiß mit dem Salz sehr steif schlagen. Die Hälfte des Zuckers unter Rühren so lange schlagen, bis eine glänzende Masse entsteht.
3. Den restlichen Zucker, die Mandeln und das Kakaopulver sorgfältig und rasch unter den Eischnee heben.
4. Mit dem Spritzbeutel kleine hohe Teighäufchen mit genügend Abstand zueinander auf das Backblech spritzen. (Beim Backen laufen die Makrönchen auseinander.)
5. In der Mitte des vorgeheizten Backofens bei 180 Grad etwa 15 Minuten backen.

Tipp
In einer Dose 2 bis 3 Tage aufbewahren, dann schmecken die Schokoladenmakrönchen noch besser.

Variante
Die Makrönchen mit feinen weißen Schokoladenlinien dekorieren. Dazu im heißen Wasserbad weiße Schokoladen-Kuchenglasur im Beutel schmelzen lassen, eine winzige Öffnung am Beutel wegschneiden und die Makrönchen mit wenigen feinen Schokoladenlinien überziehen.

Makrönchen-Variationen

KOKOS-ORANGEN-MAKRÖNCHEN

Für ca. 40 Stück

3 Eiweiß
1 Prise Salz
100 g Zucker
200 g Kokosraspeln
50 g fein gehacktes Orangeat
1 unbehandelte Orange, abgeriebene Schale

Orangeatwürfelchen zur Dekoration

1. Den Backofen auf 180 Grad vorheizen. Ein großes Backblech mit Backpapier belegen.
2. Das Eiweiß und das Salz sehr steif schlagen. Den Zucker unter Rühren so lange schlagen, bis eine glänzende Masse entsteht.
3. Kokosraspeln, Orangeat und Orangenschale sorgfältig und rasch unter den Eischnee heben.
4. Mit zwei Teelöffeln kleine Teighäufchen auf das Backblech setzen.
5. In der Mitte des vorgeheizten Backofens bei 180 Grad rund 8 Minuten backen. Die Makrönchen mit einem Orangeatwürfelchen dekorieren.

Variante
Für Kokos-Zitronen-Makrönchen fein gehacktes Zitronat und abgeriebene Zitronenschale verwenden.

KIMS SCHOKOLADENKUGELN

250 g Zucker
3 Eier
4 Tropfen Rum
200 g Schokoladenpulver
300 g geriebene Mandeln
2 EL Maisstärke

Puderzucker oder Kakaopulver
zum Bestäuben

1. Zucker, Eier und Rum in einer Schüssel mit dem Handrührgerät gründlich rühren, bis eine helle, cremige Masse entsteht.
2. Das Schokoladenpulver darunterrühren, geriebene Mandeln und Maisstärke beifügen und alles zu einem festen Teig vermengen. Zugedeckt 2 Stunden kühl stellen.
3. Aus dem Teig nussgroße Kugeln formen und auf ein mit Backpapier belegtes Backblech legen. Über Nacht trocknen lassen.
4. Am nächsten Tag den Backofen auf 250 Grad vorheizen. Die Schokoladenkugeln 2 bis 3 Minuten backen. Sobald sie zu schmelzen beginnen, sofort herausnehmen. Auskühlen lassen und erst dann vom Backpapier lösen. Die Kugeln sind innen weich und feucht, außen dagegen sollten sie fest sein.
5. Nach dem Auskühlen die Kugeln mit Puderzucker oder Kakaopulver bestäuben.

VANILLEKIPFERL

Für ca. 50 Stück

225 g glutenfreie Mehlmischung (Schär Mehl Farine oder Zwicky Basis Mehlmischung oder Bauckhof Mehl-Mix Universal)
100 g Puderzucker
125 g geschälte geriebene Mandeln
1 Päckchen Bourbon-Vanillezucker
1 Prise Salz
200 g kalte Butter
1 Ei

6 EL Puderzucker
1 Päckchen Bourbon-Vanillezucker

1. Mehl, Puderzucker, Mandeln, Vanillezucker und Salz in einer großen Schüssel vermischen. Die kalte Butter in kleine Stückchen schneiden, beifügen und alles rasch zwischen den Händen zu einer krümeligen Masse reiben. Das Ei verklopfen und dazugeben. Zu einem glatten Teig zusammenfügen, nicht kneten. Aus dem Teig mehrere fingerdicke Rollen formen, mit Klarsichtfolie zudecken und für ca. 1 Stunde kühl stellen.
2. Zwei große Backbleche mit Backpapier belegen.
3. Portionenweise nacheinander die kalten Teigrollen in 3 cm lange Stücke schneiden und zu kleinen bleistiftdünnen Hörnchen (Vanillekipferl) formen, aufs Backpapier legen.
4. Den Backofen auf 160 Grad vorheizen. Vor dem Backen die Vanillekipferl auf dem Blech nochmals 30 Minuten kühl stellen.
5. In der Mitte des vorgeheizten Backofens 10 bis 15 Minuten backen.
6. Den Puderzucker mit dem Vanillezucker vermischen und die noch warmen Vanillekipferl damit großzügig bestäuben. Die Vanillekipferl vorsichtig vom Blech lösen und auf einem Gitter auskühlen lassen.

Tipps

Bei diesem Gebäck sind gute Vorbereitung und rasches Arbeiten wichtig.

Den Mürbeteig nicht kneten, sonst wird er beim Backen hart und bröselig.

Vor dem Backen die geformten Vanillekipferl unbedingt kühl stellen, damit sie beim Backen nicht auseinanderlaufen.

Nur die Hälfte der Zutatenmengen verwenden und Vanillekipferl frisch genießen oder die Kipferl tiefkühlen und nach Bedarf die benötigte Menge auftauen.

Statt mit Vanille-Puderzucker bestäuben, die Kipferl auskühlen lassen und die Enden in geschmolzene Schokoladen-Kuchenglasur tauchen und trocknen lassen.

CHRISTSTOLLEN

75 g Rosinen
3-4 EL Rum
300 g glutenfreie Mehlmischung (Schär Brot-Mix oder Morga Zopfmehl-Mix oder Zwicky Basis Mehlmischung)
30 g Zucker
1 Prise Salz
25 g Frischhefe
3 EL Wasser
125 g flüssige Butter
100 ml Milch
1 Ei
50 g Orangeat
50 g Zitronat
50 g Mandelstifte
1 TL Bourbon-Vanillezucker
½ TL Zimtpulver
½ TL Kardamompulver

30 g flüssige Butter zum Bestreichen
Puderzucker zum Bestäuben

1. Die Rosinen über Nacht in Rum einweichen.
2. Am nächsten Tag Mehl, Zucker und Salz in einer großen Schüssel vermengen. In der Mitte eine Mulde formen. Die Hefe im Wasser gut auflösen und in die Mulde gießen, kurz vermischen. Flüssige Butter, Milch und Ei beigeben und mit der Küchenmaschine oder dem Handrührgerät gründlich zu einem geschmeidigen Teig kneten.
3. Orangeat und Zitronat klein hacken. Zusammen mit den Mandeln, den eingeweichten Rosinen und den Gewürzen zum Teig geben und darunter kneten.
4. Die Schüssel mit einem feuchten Tuch zudecken und an einem warmen Ort etwa 1 bis 2 Stunden auf das doppelte Volumen aufgehen lassen.
5. Den Teig auf ein mit glutenfreiem Mehl bestäubtes Backpapier (oder auf eine Silikondauerbackmatte) geben. Zu einem typischen Christstollen formen. Nochmals 15 Minuten ruhen lassen.
6. Den Backofen auf 180 Grad vorheizen.
7. Den Stollen in der Mitte des vorgeheizten Backofens zuerst 15 Minuten backen, danach mit der Hälfte der flüssigen Butter bestreichen und weitere 20 Minuten fertig backen. Auf ein Kuchengitter legen und noch heiß mit der restlichen Butter bestreichen.
8. Auskühlen lassen und mit einer dicken Schicht Puderzucker bestäuben.

WARENKUNDE UND NAHRUNGSMITTELTABELLE

Nehmen Sie sich zu Beginn mehr Zeit für den Einkauf. Lesen Sie bei jedem Lebensmitteleinkauf die Zutatendeklaration auf der Verpackung. Im »Kleingedruckten« versteckt sich oft Gluten. Eine Lupe oder eine Lupen-»App« kann beim Einkauf hilfreich sein. Fragen Sie bei Esswaren im Offenverkauf nach. Fehlt die Deklaration oder ist das Personal nicht sicher, gilt »Im Zweifelsfall: Nein«.

● Glutenhaltig ● Vorsicht ● Glutenfrei

Gluten & Co.

- ● Gluten bezeichnet die Eiweißstoffe der Getreidesorten. Zöliakiebetroffene müssen die so genannten Prolamine (Gliadin, Secalin und Hordein) meiden.
- ● Weizenkleber, Weizenprotein, Weizengluten und Gluten.

Stärke & Co.

- ● Handelsübliche Weizenstärke (z. B. Epifin, Paidol), die Restmengen an Gluten enthält.
- ● Weizenstärke als Zutat eines Produktes (z. B. in Saucen).
- ● Speziallebensmittel mit speziell gereinigter Weizenstärke oder Weizenfaser mit dem Glutenfrei-Symbol.
- ● Bei der Zutat »Stärke«, »modifizierte Stärke« oder »native Stärke« handelt es sich immer um glutenfreie Stärkearten.
- ● Stärkezucker wird aus Stärkesirup (Glukosesirup) gewonnen.
- ● Hydriertes Stärkehydrolysat (Lycasin) ist ein Zucker-Austauschstoff und wird aus Stärkesirup hergestellt.

Malz & Co.

Malz wird aus gequollenem und gekeimtem Getreide hergestellt. Malzextrakt ist ein Auszug aus Malz und besteht hauptsächlich aus verschiedenen Zuckerarten. Am häufigsten gewinnt man Malz und Malzextrakt aus glutenhaltiger Gerste. Im Gegensatz zum glutenhaltigen Gerstenmalz enthält Gerstenmalzextrakt nur noch Spuren von Gluten. Die meisten Zöliakiebetroffenen vertragen deshalb kleine Mengen von Gerstenmalzextrakt ohne Probleme. Es gibt aber sehr empfindliche Personen, die auf kleinste Mengen Gerstenmalzextrakt reagieren. In diesem Fall sind jegliche Produkte mit Gerstenmalzextrakt zu meiden.

- ● Gerstenmalz, auch in kleinen Anteilen (z. B. Cornflakes mit Gerstenmalz). Gerstenmalz kann auch in Hustenbonbons, Hustentees und -sirup sowie in Stärkungsmitteln enthalten sein.
- ● Größere Mengen Gerstenmalzextrakt (z. B. in Frühstücks-Malzgetränken).
- ● Geringe Mengen Gerstenmalzextrakt (in der Zutatenliste eines Produkts erst am Schluss aufgelistet).
- ● Maltodextrin, Malzzucker, Maltose, Mannit, Isomalt, Maltit und Maltitsirup.

Gewürze & Co.

- ● Bouillon oder Brühen, Currymischungen, Streuwürzen, Gewürzzubereitungen, Würzmischungen können glutenhaltig sein.
- ● Gewürze und Gewürzextrakte. Gewürzmischungen sind Mischungen, die ausschließlich aus Gewürzen bestehen.
- ● Glutamat (Geschmacksverstärker) und Glutaminsäure.

Körner & Co.

- Weizen, Roggen, Gerste und alle daraus hergestellten Produkte wie Mehl, Paniermehl, Teigwaren, Brot usw.
- Kamut, Emmer, Einkorn sind mit dem Weizen verwandte Sorten. Triticale ist eine Kreuzung zwischen Weizen und Roggen.
- Dinkel und Grünkern (unreifer Dinkel).
- Grieß wird aus Weizen hergestellt.
- Pil-Pil, Bulgur und Couscous sind vorbehandelte Produkte aus Hartweizen.
- Der englische Begriff »Corn« wird sowohl für glutenhaltiges Getreide als auch für Mais verwendet.
- Mais, Hirse, Goldhirse, Sorghum, Teff.
- Reis (weißer, brauner, roter, schwarzer) und Wildreis.
- Buchweizen, Quinoa und Amaranth.

Hafer

- Handelsüblicher Hafer und Haferprodukte wie Haferflocken, gepuffter Hafer (Hafernüssli), Haferkleie, Haferdrink u. a.
- Nicht kontaminierter Hafer und Haferprodukte, bei denen eine allfällige Verunreinigung mit glutenhaltigem Getreide auf allen Verarbeitungsstufen konsequent ausgeschlossen ist (siehe Seite 19).

Hefe & Co.

- Bierhefe und Bierhefeextrakt (Nahrungsmittelergänzung).
- Trockenhefe, Frischhefe (für Brotherstellung oder als Zutat in Produkten) und Hefeextrakt.
- Sehr kleine Mengen Bierhefeextrakt, z. B. in Gewürzmischungen, sind ebenfalls erlaubt.

Zusatzstoffe, E-Nummern

Zusatzstoffe sind Stoffe, die industriell hergestellten Produkten zugesetzt werden, um deren hygienische, technologische und sensorische Qualität zu verbessern. Die Zusatzstoffe – meist als E-Nummern gekennzeichnet – werden chemisch oder mikrobiologisch synthetisiert oder aus natürlichen Substanzen gewonnen.

- Antioxidantien, Gelier- und Verdickungsmittel, modifizierte Stärken, Trenn- und Antiklumpmittel, Aromen, Überzugsmittel, Carnaubawachs, Stabilisatoren, Emulgatoren, Konservierungsmittel, Alkalien, Säuren, Säuerungsmittel, Salze, Enzympräparate, Carragen sind erlaubt.
- Guarkernmehl (E412), Johannisbrotkernmehl (E410) und Xanthan (E415) sind glutenfrei und werden oft auch in glutenfreien Spezialprodukten eingesetzt.

Bei Unklarheiten fragen Sie sicherheitshalber direkt beim Produzenten, bei einer Zöliakiegesellschaft oder bei einer auf Zöliakie spezialisierten Ernährungsfachperson nach. Im Zweifelsfall ist auf das Produkt zu verzichten.

NAHRUNGSMITTELTABELLE

Die folgende Liste hilft Ihnen vor allem zu Beginn der Ernährungsumstellung, sich im großen Lebensmittelangebot zurechtzufinden. Die Liste erhebt keinen Anspruch auf Vollständigkeit. Die genannten Markennamen sind keine speziellen Empfehlungen, sondern sollen Ihnen den Einkauf erleichtern. Grundsätzlich besteht bei allen von Natur aus glutenfreien Lebensmitteln ein Kontaminationsrisiko bei der Verarbeitung. Beachten Sie allfällige Hinweise auf der Verpackung.

Prüfen Sie bei allen verarbeiteten Produkten die Zutatenliste, denn die Rezepturen können sich jederzeit ändern!

gf = glutenfrei

	Glutenfrei	**Vorsicht: Kann Gluten enthalten**	**Enthält Gluten**
Milchprodukte	Milch, Joghurt, Buttermilch, Molke, Rahm, Quark, Hüttenkäse, Mozzarella, Käse, Schmelzkäse, Blauschimmelkäse (Roquefort, Gorgonzola), geriebener Käse	(Schmelz-)Käsezubereitungen, Frischkäseprodukte mit Kräutern, regionale Käsespezialitäten, Kaffeeweißer (Pulver)	Joghurt mit Kleie, Flocken, Knuspermüesli
Käsegerichte	Raclette	Fondue *(Mehl zum Binden, Brotresten)*	Käseküchlein, panierter Käse, Käsezubereitungen
Milchersatz	Reiner Sojadrink, reiner Reisdrink, Kokosmilch, gf Haferdrink	Sojaprodukte	Haferdrink, Dinkelgetränk
Fleisch und Fleischwaren	Frischfleisch (alle Sorten), Trockenfleisch (Bündnerfleisch)	Wurstwaren wie Cervelat, Wienerli/Frankfurter, Bratwurst, Salami, geräuchertes Fleisch wie Rippli/Kasseler. *Verwendung von Mehl, Paniermehl oder Saucen bei der Zubereitung:* Regionale Wurst- und Hausspezialitäten, Fleischkäse, Brotaufstriche, Fleischkonserven, fettreduzierte Fleischwaren	*Mit Teig:* Wurstweggen, Schinkengipfel, Pasteten *Paniert:* Wiener Schnitzel, Cordon bleu *Frittiert:* Chicken Nuggets *An Mehlsauce:* Gulasch, Geschnetzeltes *Mit Brot:* Leberknödel, Hamburger, *In Mehl gewendet:* Piccata milanese
Fisch	Fisch frisch und geräuchert; in Dosen: Thon/Thunfisch, Sardellen, Meeresfrüchte	*Verwendung von Mehl, Paniermehl oder Saucen bei der Zubereitung:* Fisch-Fertiggerichte, frittierter Fisch (mit Weizenmehl verunreinigtes Frittieröl), Surimi Tofuburger, Tofu- und Quorn®-Zubereitungen	*Paniert:* Fischstäbchen, Fisch-Nuggets *Im Teig:* Fisch im Ausbackteig
Fleischersatz	Tofu nature, Yasoya® nature, Quorn® nature		Paniert: Tofu, Quorn® Delicorn® Produkte, Seitan (Weizenprotein)

	Glutenfrei	Vorsicht: Kann Gluten enthalten	Enthält Gluten
Hülsenfrüchte	Hülsenfrüchte (z. B. Sojabohnen, Linsen, Kichererbsen, Bohnen, Stangenbohnen, Erbsen), Sojaflocken, Kichererbsenmehl, Linsenmehl, Papadams (indische Linsenfladen), Glasnudeln (Mungobohnen), gf Teigwaren aus Hülsenfrüchten (z. B. Linsen, Kichererbsen, Kidneybohnen), Süßlupine, Lupineneiweiß	Hülsenfrüchte-Fertiggerichte *Zusatz Panier-/Weizenmehl oder mit Weizenmehl verunreinigtes Frittieröl:* Kichererbsenbällchen/Falafel	
Eier	Spiegelei, hartgekochtes Ei, 3-Minuten Ei	*Verwendung von Mehl bei der Zubereitung:* Rührei, Omelette, Blinis	Pfannkuchen, Crêpes, Waffeln
Getreide und Körner	Alle Reissorten (z. B. Vollreis, Risotto, Basmati, Camargue Reis), Mais, Ribelmais, Buchweizen, (Gold-)Hirse, Sorghum, Teff, Quinoa, Amaranth, Wildreis, gf Hafer	gf Getreide nicht im Reformfachhandel schroten oder mahlen lassen (Kontaminationsrisiko)	Weizen, Grünkern, (Ur-)Dinkel, Emmer, Kamut (Khorasan-Weizen), Einkorn, Gerste, Rollgerste, Roggen, Tritikale, Hafer, Getreiderisotto, Couscous, Pil-Pil, Bulgur, Ebly, Taboulé
Getreide- und Körnerprodukte (Mehl, Grieß, Teigwaren usw.)	Reismehl, reine Reisteigwaren, Reisnudeln, Reisblätter, Reiswaffeln, Reisgrieß, gf Maiswaffeln, Tortillas (aus gf Maismehl), gf Maismehl, gf Maisgrieß, gf Cornflakes, gf Hirseflocken, gf Haferflocken, gf Hafermehl, gf Spezialmehl, gf Paniermehl, gf Müeslimischungen, gf Teigwaren, gf gepufftes Quinoa, gf Quinoaflocken, gf Quinoamehl, gf gepuffter Amaranth, gf Amaranthmehl, gf Kastanienmehl, gf Buchweizenmehl	*Mögliche Kontamination bei:* Hirseflocken, Maisgrieß (Polenta, Bramata), Buchweizenmehl, gepufftes Quinoa, Quinoaflocken, Quinoamehl, gepuffter Amaranth, Amaranthmehl, Hafermehl, Buchweizennudeln	Getreideflocken, Cornflakes mit Malz, Porridge, Frühstückscerealien, Hafernüsschen, Grieß, Graupen, Grießbrei, Teigwaren, Lasagne, Ravioli, Kastaniennudeln, Pizza, Pizzoccheri, Knödel, Pastetchen, Tortillas, Wraps, Brotmehl, Paniermehl, Semmelbrösel, Weizenkeime, Weizenkleie
Brot	gf Brot, gf Knäckebrot, gf Kräckers, gf Zwieback		Alle Brotsorten mit glutenhaltigen Getreiden, Knäckebrot, Kräckers, Zwieback
Kartoffeln Süßkartoffeln	Salzkartoffeln, Schalenkartoffeln, Rösti, Kartoffelpüree, Kartoffelmehl, Süßkartoffeln, gf Teigwaren aus Süßkartoffeln, Yamswurzel	Kartoffel-Fertigprodukte wie Kroketten, Pommes Duchesse, Kartoffelpuffer, Kartoffelknödel, Rösti/Röstiprodukte (aus der Packung), Pommes frites *(mit Weizenmehl behandelt oder mit Weizenmehl verunreinigtes Frittieröl)*	Kartoffelgnocchi

	Glutenfrei	Vorsicht: Kann Gluten enthalten	Enthält Gluten
Snacks	Reiswaffeln, Popcorn nature, Pommes Chips nature	Pommes Chips *(z. B. geformte)* Popcorn *(z. B. gewürztes, gesüßtes)*, Erdnussflips, Mais-Chips, Süßkartoffel-Chips	Salzgebäck, Salzstengel, Blätterteiggebäck, Grissini, 5-Korn-Waffeln
Gebäck	Meringues/Baiser	Makronen, Brunsli, Zimtsterne (ev. Mehl auf dem Backblech) Amaretti, Schokoladen-Schümli/ Baiser, Florentiner	Kuchen, Kleingebäck, Löffelbiskuits, Pâtisserie, Wähen, Hefeteig, Kuchenteig, Nussgipfel, Gugelhopf, Cremeschnitte, Magenbrot usw.
Bindemittel	Maisstärke, Kartoffelstärke, Pfeilwurzelmehl/Marantha-Mehl, Guarkernmehl, Johannisbrotkernmehl/Caruben/Karoben, Kuzu, Maniok/Tapioka/Cassava, Sago, Pektin, Gelatine, Agar-Agar, Xanthan	Speziallebensmittel mit speziell gereinigter glutenfreier Weizenstärke	Weizenstärke
Backhilfsmittel Backzutaten	Trockenhefe, Frischhefe, Natron, Hirschhornsalz, Backpulver mit Maisstärke, Weinsteinbackpulver, Backspray (zum Einfetten der Form), Lezithin	Backpulver, Zuckerstreusel, Zuckerperlen, Backmarzipan, Kuchenglasur	Bierhefe, Gerstenmalz, Gerstenmalzextrakt, Backoblaten, Aleuronat® (Handelsname für Weizengluten)
Gemüse Salate	Alle Sorten frisch, tiefgekühlt oder als Konserve	Rahmspinat, Rahmlauch, Sauerkraut, Fertigsalate *(Salatsauce)* gewürzte Tiefkühl-Gemüsemischungen, z. B. Provençal-Gemüse, Asia-Gemüse *(Würzmischungen, Sojasauce)*	Gemüse an Sauce, z. B. Béchamelsauce, Salat mit Croûtons
Obst	Alle Obstsorten, Beeren frisch, tiefgekühlt, Dosenfrüchte, Dörrobst, z. B. Apfelringe	Verarbeitetes oder mit Mehl bestäubtes Dörrobst (z. B. Feigen), kandierte Früchte	Erdbeertörtchen, Fruchtkuchen
Nüsse, Kerne, Samen	Nüsse, Mandeln, Sonnenblumenkerne, Sesam, Leinsamen usw., Studentenfutter, (gesalzene) Erdnüsse, Erdnussbutter, Erdmandel, Chiasamen, Hanfsamen	*Geröstet oder überzogen,* z. B. Rauchmandeln	Wasabi-Erdnüsse
Fette und Öle	Alle Fette und Öle (Olivenöl, Rapsöl usw.), Butter, Margarine, Bratbutter/Ghee, Mayonnaise	Fertigsalatsaucen	Weizenkeimöl (kaltgepresst; hochraffiniertes Weizenkeimöl ist jedoch glutenfrei)
Saucen	gf Bouillon gf Instant-Saucen gf Sojasauce (z. B. Tamari®)	Bouillon, Instant-Saucen, Saucen in Tuben	*Mit Mehl gebundene Saucen,* Sojasauce mit Weizen/Glutenzusatz, Worcestersauce
Würzmittel	Alle frischen Kräuter und Gewürze, Gewürzmischungen, Salz, Meersalz, Glutamat Senf, Tabasco®, Essig	Gewürzzubereitungen, Würzmischungen *(z. B. für Fleischzubereitung)*, Currypaste/-pulver, Knoblauchsalz, Essig mit Würzbeimischungen, Marinaden	Aromat®, Maggi® Flüssigwürze, Cenovis® Streichwürze/Flüssigwürze, Malzessig

	Glutenfrei	Vorsicht: Kann Gluten enthalten	Enthält Gluten
Suppen	Bouillon nature, selbst hergestellte Suppen ohne glutenhaltige Zutaten, z. B. Gemüsesuppe, Kartoffelsuppe	Beutelsuppen, Cremesuppen	Suppen mit Teigwaren/Backerbsen, Minestrone, Mehlsuppe, Gerstensuppe, Grießsuppe
Desserts	Sorbet, Fruchtsalat, Vermicelles (gezuckertes Maronenpüree)	Dessertcremepulver, Creme, Pudding/-pulver, Glace/Eis, Eistorte, Schokolade, Schokoladeriegel, Schokolade mit Füllungen, Krokant, Nougat, Crisp	Tiramisu, Eistorten mit Biskuitboden, Cornet/Eis in Waffel
Süßwaren	Zucker, Gelierzucker, Palmzucker, Vollrohrzucker, Vanillezucker, Traubenzucker, Süßstoffe, Stevia, Konfitüre, Melasse, Honig, Birnendicksaft, Ahornsirup, Agavensirup, Kokosblütensirup, Kakao, Schokoladengetränke, Sugus®	Hustenbonbons, Kaugummi, Gummibärchen, Fruchtgummi, Gummibonbons, Dragées, Lollipop, Lakritze, Streukügelchen, Marzipan	Hustenbonbons mit Gerstenmalz
Getränke	Mineralwasser, Bohnenkaffee, Franck Aroma (Kaffeezusatz aus 100 % Zichorie), Tee, Süßgetränke, Light-Getränke, Gemüsesäfte, reine Fruchtsäfte, Süßmost, Fruchtnektar, Fruchtsirup	Fruchtsaftmixgetränke/Gemüsesaft mit Ballaststoffzusatz, Tee mit Aroma/Vitaminzusätzen (z. B. Yogi-Tea), Tee mit Gerstenmalzextrakt: Pfirsich-Eistee (Ice Tea Peach)	Frühstücksgetränke mit Gerstenmalzextrakt (Ovomaltine®, Heliomalt® usw.) Kaffee-Ersatzmischungen, Getreidekaffee, Weizengrassaft, Brottrunk, Barley Water, Bionade
Alkohol	gf Bier, gf Hirsebier, Wein, Apfelwein, Sekt, Aperitifgetränke wie z. B. Martini, Cynar usw., Branntweine wie z. B. Grappa, Kirsch, Williams, Wodka, Gin, Single-Malt Whisky	Mit Gerstenmalz/-extrakt: Reis-, Mais- und Hirsebier, Blended Whisky, Glühwein, Punsch	Bier, alkoholfreies Bier
Functional Food	Prebiotika, z. B. Inulin, Oligofructose, Fructo-Oligosaccharide	Präparate für die Gewichtskontrolle, Eiweißpräparate für Sportler	»Biogerm« (Weizenkeime), »Viogerm« (Folsäure aus Weizenkeimen), Stärkungsmittel mit Gerstenmalz/-extrakt
Babynahrung	Säuglingsanfangnahrung, Folgenahrung, Reisbrei. Eine Liste mit glutenfreien Produkten ist bei jedem Babynahrungsmittelhersteller erhältlich.	Zugaben zur Flaschennahrung, Babynahrung im Gläschen	Grießbrei, Mehrkornbrei
Diverses	Hostien (aus glutenfreier Weizenstärke), Zahnpasta und andere Zahnpflegemittel, Kosmetika, Haarspülungen mit Weizenprotein (nur äußerliche Anwendung)	Bastelmaterial, z. B. Bastelkleister, Knetmasse, Schulkreide	Hostien

CARINE BUHMANN

Dipl. Gesundheitsberaterin für Ernährung, Food-Journalistin und Autorin zahlreicher erfolgreicher Koch- und Ernährungsbücher. Sie ist in der Erwachsenenbildung tätig, hält Vorträge, gibt Seminare und Schulungs- sowie Praxiskurse für Fachleute und Ernährungsinteressierte. Neben gesunder Ernährung zählen Nahrungsmittel-Unverträglichkeiten, inbesondere Zöliakie und Ernährung bei Reizdarm (FODMAP-Konzept), zu ihren Schwerpunktthemen.

www.carinebuhmann.ch
www.fodmap-konzept.ch

IG ZÖLIAKIE DER DEUTSCHEN SCHWEIZ

Die IG Zöliakie der Deutschen Schweiz wurde 1975 gegründet. Seither entwickelte sie sich dank engagierter Arbeit vieler Freiwilliger zu einer starken Patientenorganisation mit über 4000 Mitgliedern.

Schwerpunkte der Tätigkeit:

- Informationen zur glutenfreien Ernährung und Beratung rund ums Leben mit Zöliakie
- Zusammenarbeit mit Ärzten, Ernährungsberaterinnen, Fachstellen und Behörden sowie anderen im Gesundheitsbereich tätigen Organisationen
- Zusammenarbeit mit Nahrungsmittelherstellern und der Gastronomiebranche
- Zertifizierung von glutenfreien Spezialprodukten mit der Garantiemarke der »durchgestrichenen Ähre«
- Förderung des gegenseitigen Austausches unter Betroffenen in Regionalgruppen
- Öffentlichkeitsarbeit, um Zöliakie und glutenfreie Ernährung in der breiten Bevölkerung noch bekannter zu machen (Pressearbeit sowie Organisation von Vorträgen, Kursen, Ausstellungen und Tagungen)
- Vertretung der Zöliakiebetroffenen in nationalen Gremien und in der Politik
- Aktive Mitarbeit bei der internationalen Dachorganisation AOECS Association of European Coeliac Societies
- Website www.zoeliakie.ch mit aktuellen Informationen
- Organisation und Durchführung von Ferienlagern für Zölikids und Zöli-Teens

Vorteile für Mitglieder:

- Mitgliedermagazin SENZA, erscheint 4 × jährlich
- Newsletter mit aktuellen Informationen
- Teilnahme an Kursen der IG Zöliakie zu vergünstigten Preisen
- Zugang zum Mitgliederbereich der IG-Zöliakie-Website mit vielen Merkblättern und exklusiven Informationen und Drucksachen
- Zugang zu exklusiven Anlässen der IG Zöliakie
- Vergünstigter Eintritt an der Zöliakie-Tagung
- Zugang zu Regionalgruppen
- Zugang zur Community-App beUnity

Die Untergruppen der IG Zöliakie:

Zölikids
Zöli-Teens
Zöli-Youth
Zöli-Seniors
Austausch, Anlässe und Informationen passend zum jeweiligen Lebensabschnitt.

Informationen und Auskünfte:

IG Zöliakie der Deutschen Schweiz
Geschäftsstelle
Bahnhofstrasse 7b
CH-6210 Sursee
Tel. 061 271 62 17
info@zoeliakie.ch
www.zoeliakie.ch

Für die französische Schweiz:

Association Suisse Romande
de la Cœliakie (ARC)
p. a. Ligues vaudoises de la santé
Av. de Provence 12
CH-1007 Lausanne
Tél. 021 623 37 33
Fax 021 623 37 38
www.coeliakie.ch
info@coeliakie.ch

Für die italienische Schweiz:

Gruppo Celiachia della Svizzera Italiana
Via Campagna 25 L
CH-6503 Bellinzona
Tel. 079 614 07 79
www.celiachia.ch
info@celiachia.ch

DEUTSCHE ZÖLIAKIE-GESELLSCHAFT (DZG)

Die Deutsche Zöliakie-Gesellschaft e. V. (DZG) wurde 1974 als Selbsthilfeorganisation gegründet. Inzwischen ist die DZG auf über 42 000 Mitglieder gewachsen, und jährlich kommen 500 dazu.

Die DZG ist kompetenter Ansprechpartner für alle Fragen rund um die Zöliakie.

Schwerpunkte und Tätigkeiten:

- Fachkompetente telefonische Beratung zu allen Fragen rund um glutenfreie Ernährung
- Organisation von überregionalen Veranstaltungen
- Unterstützung der ehrenamtlich tätigen Kontaktpersonen u. v. m.
- Bereitstellung von nützlichen Informationsmaterialien
- Telefonische Arzt- und Ernährungssprechstunde
- Öffentlichkeitsarbeit

Seit 2021 führt ein hauptamtlicher Vorstand die DZG. Der achtköpfige Aufsichtsrat als Kontrollorgan vertritt die Mitgliederinteressen zwischen den Hauptversammlungen.

Der Jugendausschuss vertritt die Interessen der 16- bis 28-Jährigen innerhalb der DZG und engagiert sich in der »Coeliac Youth of Europe« (CYE), der europaweiten Jugendorganisation der AOECS (Association of European Coeliac Societies). Mitglieder des Jugendausschusses treffen sich an freizeitlichen Veranstaltungen zum gegenseitigen Erfahrungsaustausch.

Der Seniorenausschuss setzt sich vorrangig für die glutenfreie Versorgung von älteren Menschen ein und versucht, den Alltag von Senioren und Seniorinnen mit Zöliakie zu erleichtern. Er organisiert auch Freizeitangebote zum Erfahrungsaustausch und gemeinsamen Erleben.

Rund 180 ehrenamtliche, in Ernährungsberatung geschulte Kontaktpersonen engagieren sich aktiv für neu diagnostizierte Erwachsene sowie Eltern von Kindern mit Zöliakie. Sie informieren über glutenfreie Ernährung, geben Rezepte weiter und helfen mit praktischen Tipps. Sie leiten Gesprächsgruppen vor Ort und bieten u. a. Backkurse und Ausflüge an.

DZG-Mitglieder erhalten zu Beginn ihrer Mitgliedschaft unter anderem ein Informationspaket mit dem Einkaufsführer »Einkaufen mit Zöliakie«, eine umfangreiche Rezeptsammlung, den Zöliakie-Pass, die Mitgliederzeitung »DZG Aktuell« und das Magazin »DZG Medizin« mit vielen Informationen zum aktuellen Stand von Wissenschaft und Forschung. Die Unterlagen werden ständig aktuell gehalten und ergänzt.

Die Mitgliederzeitung »DZG Aktuell« erscheint vierteljährlich und liefert aktuelle Informationen, medizinische Fachartikel, Urlaubstipps, glutenfreie Produkteneuheiten, Restauranttipps sowie Einladungen und Berichte zu Veranstaltungen der DZG. Die Veranstaltungsangebote für Mitglieder umfassen Kinder- und Erwachsenen-Freizeiten, Tagesveranstaltungen zu besonderen Anlässen wie dem Welt-Zöliakie-Tag und vieles mehr. In der DZG-Akademie werden vielfältige Seminare und Schulungen angeboten – sowohl online als auch in Präsenz. Weiterbildungsveranstaltungen für Mitglieder gehören ebenso dazu wie Schulungen für bestimmte Berufsgruppen, etwa Ernährungs-, Erziehungs- und Gastronomiefachkräfte.

Informationen und Auskünfte:

Deutsche Zöliakie-Gesellschaft e. V.
Kupferstraße 36
D-70565 Stuttgart
Tel.: 0711 / 45 99 81-0
www.dzg-online.de
info@dzg-online.de

ÖSTERREICHISCHE ARBEITSGEMEINSCHAFT ZÖLIAKIE

Die Österreichische Arbeitsgemeinschaft Zöliakie wurde 1981 in Wien gegründet. Im Laufe der Jahre entstanden in jedem Bundesland Landesstellen. Unsere ehrenamtlichen Landesleiter stehen als Ansprechpartner für unsere rund 5000 Mitglieder zur Verfügung. Unsere Arbeit umfasst folgende Bereiche:

- Herausgabe des Zöliakie-Handbuches – 600 Seiten umfangreiche Information in einem Ringbuch:
  - Zöliakie – medizinische Aufklärung und psychologische Aspekte
  - Drei Broschüren mit Auflistung von ca. 9000 glutenfreien Lebensmitteln, Erklärung der glutenfreien Ernährung zur Vermeidung unbewusster Diätfehler, Hinweise bezüglich Lebensmittelkennzeichnung, Kontamination etc.
  - Bezugsquellen von Diätprodukten
  - über 250 glutenfreie Rezepte
  - Nützliche Tipps und Adressen zu Urlaub und Gastronomie
  - Hinweise auf finanzielle Unterstützung
  - Information über unsere Arbeit auf nationaler und internationaler Ebene
- Herausgabe der Mitgliederzeitschrift »Zöliakie aktuell«: Informationen über neue glutenfreie Lebensmittel, Artikel über Zöliakie, Veranstaltungen, Gruppentreffen, Koch- und Backkurse, Urlaub, neue Rezepte usw.
- Herausgabe des Kinderbuches »Michael ist ein Kind mit Zöliakie«
- Neue Website mit zahlreichen Services: u. a. Lebensmittel- sowie Gastronomie-Datenbank, Rezepte, Download-Bereich
- Unser Folder »Zöliakie – was ist das?« soll den Bekanntheitsgrad der Zöliakie erhöhen
- Der »Zöliakie-Pass« dient zur Kontrolle der Gesundheit unserer Mitglieder
- Weitere Arbeitsgebiete sind Information und Beratung für Zöliakiebetroffene durch ehrenamtliche Landesleiter in allen Bundesländern
- Zusammenarbeit mit Ärzten und Diätologen
- Kooperation mit Herstellern glutenfreier Lebensmittel und Gastronomie-Betrieben
- Vertretung der Interessen der Zöliakiebetroffenen in nationalen und internationalen Gremien

Unsere Mitglieder haben den Vorteil, immer bestens informiert zu sein. Sie erhalten das Zöliakie-Handbuch, den Zöliakie-Pass, vier Mitgliederschriften pro Jahr und periodische Aktualisierungen des Handbuchs. Im Mitgliederbereich unserer Website stehen die Lebensmittel-Datenbank inkl. Suchfunktionen, die Gastronomie-Datenbank sowie Rezepte mit Fotos zur Verfügung.

Informationen und Auskünfte:
Österreichische Arbeitsgemeinschaft Zöliakie
Anton-Baumgartner-Straße 44/C5/2302
A-1230 Wien
www.zoeliakie.or.at
office@zoeliakie.or.at

REZEPTVERZEICHNIS

Brot, Fladen, Pizza & Co: Pikantes und Süßes aus Hefeteig

Herzhafte Gerichte aus Getreide und Körnern

Allerlei Mehlspeisen: Spätzle, Gnocchi, Crêpes und Waffeln

Kuchen und Gebäck mit glutenfreiem Mehl

Schär
GLUTEN-FREE
Mit dem Besten von uns
Alles glutenfrei!
Ihr seid die Besten!
NEU
Schär
BACKMISCHUNG
Streusel Kuchen
450 g
NEU
Schär
BACKMISCHUNG
Brownies
NEU
Schär
BACKMISCHUNG
Bauernbrot
450 g
NEU
Schär
BACKMISCHUNG
Pancakes & Waffeln
350 g
Einfach und lecker. Die neuen glutenfreien Backmischungen von Schär lassen sich ganz einfach zubereiten und eignen sich für vielfältige Rezeptideen.
Jetzt im Handel erhältlich.

coop
Mozzarella
free from
OHNE SANS Lactose
125 g

Hergestellt in der Schweiz!
SCHWEIZER MÜESLI
HAFER MÜESLI
FRÜCHTE MÜESLI
GRANOLA MÜESLI
BIO QUINOAFLOCKEN
PANIERGOLD®
MAISGRIESS
BASIS MEHLMISCHUNG
HIRSOTTO
Mais COUSCOUS
G'müesli
CHF 5.– Gutschein*
www.zwicky.swiss/shop
Gutscheincode: zwicky1892
* ab einem Einkaufswert von 30 Franken.
Pro Einkauf nur ein Gutschein.

Schnitzer
GLUTENFREIHEIT
GLUTENFREI
BIO
nach
EG-Öko-Verordnung
LASS DIR
DAS LEBEN
SCHMECKEN
GENUSS PUR
GROSSE
PRODUKTVIELFALT
BIO BROT RUSTIC
BIO BAGUETTE CLASSIC
BIO PANINI HAFER
BIO GRISSINI SESAM
BIO MUFFIN SCHOKO
BIO BREAD LESS
SCHNITZER
GLUTENFREIHEIT
Leckere glutenfreie Bio-Backwaren
kombiniert mit ernährungsphysiologischen
Vorteilen und durchdachten Rezepturen.
100% Bio-Produktion
0% künstliche Geschmacks- und Konservierungsstoffe
DE-006
www.schnitzer.eu

Von Carine Buhmann im AT Verlag erschienen

Die FODMAP-Küche bei Reizdarm
130 leichte Rezepte zum Geniessen und Wohlfühlen

Dieses Buch liefert Wissenswertes zur Krankheit Reizdarmsyndrom und zum wissenschaftlich geprüften FODMAP-Konzept. Leicht verständlich erklärt es die Bedeutung des Mikrobioms, die FODMAPs und das 3-Stufen-Programm. 130 neue Rezepte zeigen, wie Betroffene darmverträglich und trotzdem ausgewogen und genussvoll essen können, ergänzt mit zahlreichen Tipps, Varianten und Infoboxen. Hilfreich sind auch die farbigen Tabellen verschiedener Lebensmittelgruppen mit Beispielen und Empfehlungen zum FODMAP-Gehalt. Das Buch gibt Ideen für den Einkauf und Küchenvorrat, und die ausführlichen Lebensmittellisten erleichtern den Einstieg in die FODMAP-Küche. Ein nützlicher Praxisratgeber und ein alltagserprobtes Kochbuch für ein gutes Bauchgefühl.

Das FODMAP-Konzept – Leichte Küche bei Reizdarm
Ein praktischer Ratgeber mit 170 Rezepten

Viele Menschen leiden unter Reizdarm und haben ständig Bauchschmerzen, Blähungen, Durchfall oder Verstopfung. Das FODMAP-Konzept ist eine erfolgreiche Ernährungstherapie bei Reizdarmsyndrom. FODMAP ist die Abkürzung für »Fermentierbare Oligo-, Di-, Monosaccharide and (und) Polyole«. Dies sind bestimmte Zuckerarten, die in verschiedenen Lebensmitteln vorkommen und bei Reizdarmbetroffenen Beschwerden verursachen. Das Buch klärt ausführlich über das Reizdarmsyndrom auf und zeigt mit über 170 Rezepten, wie man abwechslungsreich und ausgewogen essen und die Beschwerden lindern kann. Mit Wochenmenüvorschlägen, praktischen Tipps und Lebensmitteltabellen. Ein unentbehrlicher Ratgeber für alle Reizdarmbetroffenen und ein nützliches Handbuch für die Ernährungsberatung.

www.fodmap-konzept.ch

AT Verlag
Bahnhofstraße 41
CH-5000 Aarau
Telefon +41 (058) 510 63 10
info@at-verlag.ch
www.at-verlag.ch

8. Auflage, 2023
Jede Neuauflage wurde überarbeitet und aktualisiert.

AT Verlag AG, Aarau und München
Fotos: Claudia Albisser Hund, Mantry, Frankreich
Druck und Bindearbeiten: Printer Trento, Trento
Printed in Italy

ISBN 978-3-03902-036-2

www.at-verlag.ch

Der AT Verlag wird vom Bundesamt für Kultur mit einem Strukturbeitrag
für die Jahre 2021–2024 unterstützt.